回転ベッドを追いかけて

ゆなな

はじめに

昭和時代に建てられて、大きな改装もなしに、地道にメンテナンスを続けながら、当時のままに営業をしているラブホテル。

全国各地に点在するそんな“昭和ラブホ”にハマり、仕事の合間を縫ってラブホ巡りを続けてもう４年ほどになる。

私は平成生まれだ。高度経済成長真っ只中の、日本が明るかった昭和時代を、恥ずかしながら肌で感じたことはない。でも、だからこそ私にとっては昭和ラブホの何もかもが「新鮮」そのものなのだ。ド派手な外装・内装、そして思いもよらないギミック。「なにこれ!?」と言いたくなるような斬新な驚きやエンターテイメント性がそこにはある。

昭和ラブホには「ニュー」と付く名前がとても多い。来たるべき新しい日本にあやかって、「新」とか「ニュー」とかをつけるのが（たぶん）流行ったんだろう。いま時は流れ、またそれらは本当の「ニュー」の意味を持つようになったのだ。

平成の荒波を乗り越えて、当時のままの姿で現代まで生き残ってくれた昭和ラブホたち。よくここまで生き延びてくれたね、と私は昭和ラブホによしよししたい気持ちである。

というのも、昭和ラブホはどこも老朽化が進み、今やゆるやかに絶滅の一途をたどっているからだ。『回転ベッドを追いかけて』というタイトルだが、この本は回転ベッドの紹介本ではない。今は条例の関係で新しく設置することが難しい回転ベッドに象徴されるような、まさに消えゆく道半ばにある昭和ラブホたち。それをなんとか未来に残したいと、一人の昭和ラブホファンである私がささやかに奮闘してきた記録である。

貴重な昭和ラブホたちを愛でるために、そして少しでも多くの人にその魅力を伝えるために、今日も私は一人で昭和ラブホを巡っている。この本は、4年間、北海道から沖縄までのべ100軒以上にわたるラブホ巡りの集大成だ。

読者のみなさんに、私のラブホ愛がひとかけらでも届いてほしい。そして願わくば、ぜひ本書で紹介されている昭和ラブホを訪れ、このワンダーランドを体感してみてほしい。それが私の願いである。

THE WAVE
PLAY B

ザ・ウェーブ（p.104）

ブルージュ（p.101）

フランセ（p.128）

夢の国（p.134）

ニューオアシス（p.152）

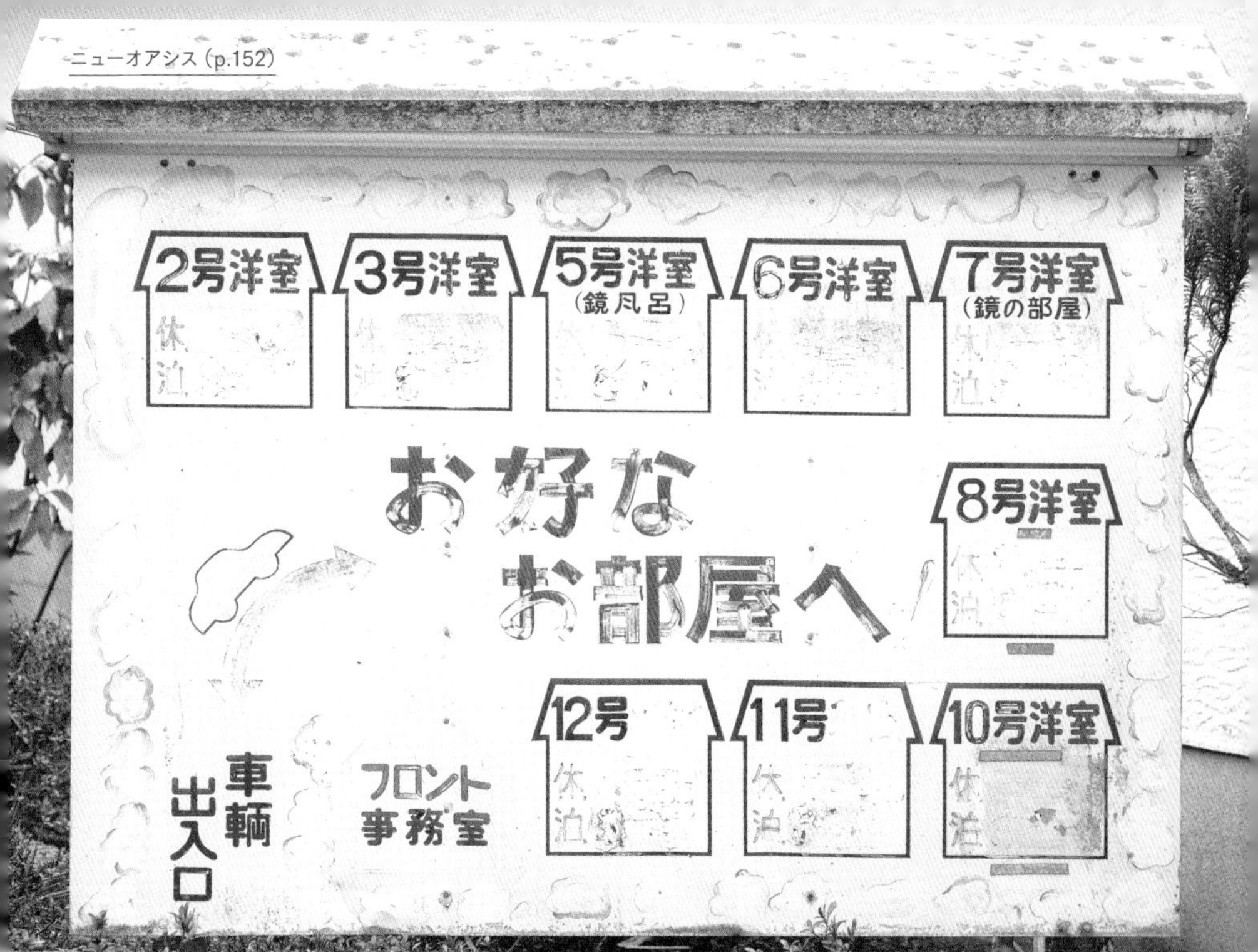
2号洋室
休
泊
3号洋室
5号洋室
（鏡風呂）
6号洋室
7号洋室
（鏡の部屋）
休
泊
お好な
お部屋へ
8号洋室
休
泊
12号
休
泊
11号
休
泊
10号洋室
休
泊
車輛
出入口
フロント
事務室

可
OX
202 DVD可
アカプルコ
203 DVD可
宮殿風
204 DVD可
サーフィン
205
気
可
屋
209 DVD可
中国風
210 DVD可
エーゲ海
311 DVD可
アラビアンナイト
312
ディス
可
316 DVD可
317 DVD可
318 DVD可
319

ロンシャン（p.109）

フランセ (p.128)

リープハーバー（p.122）

R 久留米（p.140）

目次 Contents

ローラン（p.119）

第一章

Chapter One

昭和ラブホって どんなところ?

この章では、「古いホテルの何がそんなに魅力的なの?」という疑問への私なりのアンサーとして、昭和ラブホのすばらしさや見どころを語っていきたいと思う。「レトロで懐かしい感じ」にとどまらない、昭和ラブホの奥深さとおもしろさをぜひ感じてほしい。

私が昭和ラブホに目覚めた日

人生を変えた、スペースシャトル型ベッドの写真

「一人で昭和ラブホを巡っている」という話を人にすると、「なんでラブホ？」「古いホテルの何がいいの？」なんてよく聞かれる。私が昭和ラブホに魅せられたきっかけは、SNSで目にした写真だった。

私はもともと喫茶店や廃墟といった古い建物が好きで、そういった建物を訪れたり写真を見たりするのが趣味のひとつだった。その日もSNSを眺め、レトロな喫茶店の写真に「いいね」をしながら画面をスクロールしていた。

そのとき、私の瞳に何かがひっかかった。スクロールを戻す。スペースシャトルの形をした、つやつやしたシルバーのエナメル生地のベッドだった。過去の遺物のようでいて、SF

の世界のような未来感もあるその写真は、昭和時代に建てられた西日本にあるラブホテルの一室だったのだ。

そのなんとも言えないアナクロニズムに魅せられて、私はいてもたってもいられずに昭和ラブホについて調べまくり、一人で近場のホテルを訪れるに至ったのである。

”レトロフューチャー“な別世界に魅せられて

初めて一人で行ったのは、忘れもしない、東京都大田区にある隠れ家的な昭和ラブホだった。全8室の小さなホテルだがなんと全室鏡張りで、どこを見ても自分の姿が目に入る。ホテル全体に妖艶で大人な雰囲気が漂っていて、二十歳そこそこの私にとっては何もかもが新鮮だった。

今思うと、初めて一人で行くにはなかなか難易度が高いラブホだったかもしれないが、喫茶店や古民家とはまったく違う、まさに”レトロフューチャー“とも呼ぶべき別世界がそこにはあった。ホテル名入りのマッチも、自分へのお土産として宝物のように持って帰ってきた。

もっといろんな昭和ラブホが見たい。もっともっとこの感動を味わいたい。そんな衝動に突き動かされて、私は休みのたびにさまざまなホテルを渡り歩くようになった。はじめは首都圏だったのが、関西、東北……と移動距離はどんどん伸び、今では昭和ラブホのために飛行機に乗って北海道にも沖縄にも遠征する。

バラエティ豊かな昭和ラブホを訪ねるうちに、私はどんどんその沼にはまり込んでいった。よく、昭和ラブホのオーナーからは「こんな古いホテルのどこがいいの?」とびっくりされたりする。でも私に言わせれば、こんなに「新しさ」を感じさせてくれるものは他にないのだ。ときには「一人で来るなんて事件性があるんじゃないか」と怪しまれながら、ときには家族のように歓迎されながら、私は、今日も昭和ラブホを訪ね歩いている。

…ジュ（p.101）

昭和ラブホの外観3パターン

地図を見ながら目当てのホテルに向かって歩き、
遠くにその外観が見えてくると、「ついに‼」と私の心は高揚する。
ここでは、昭和ラブホの３タイプの“型”について紹介したい。

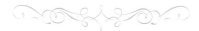

戸建て

バンガローのように一棟一棟が独立しているもの。まさに昭和時代から時が止まったような異世界感が味わえるのがこのスタイルだ。家族経営のアットホームなラブホだと、敷地内にオーナー一家のものと思われる洗濯物が干してあったり、飼い犬の鳴き声が聞こえたりと、非日常的な場所なのに日常を感じさせる場面に出くわすことも少なくない。

戸建ての例→「ナポレオン（p.83）」、「バステル花（p.86）」、「夢の国（p.134）」

ワンルームワンガレージ型

一部屋につきガレージが一つ付いていて、車を停めた部屋に入室するシステム。一階がガレージ、階段をあがった二階が部屋になっているパターンが多い。ガレージにはちゃんと部屋の写真や休憩・宿泊の金額が表示されてい

UFO（p.95）

ナポレオン（p.84）

るため、安心して部屋を選べる。他人に自分たちの姿を見られることなく入室できるという利点がある。

ワンルームワンガレージ型の例↓
「AI（p.107）」、「星の王子さま（p.131）」

ビル型

名前の通り一棟型のラブホ。「いくらかかってるの?」と聞きたくなるような、豪華絢爛な外観が特徴の西洋風のお城ラブホや、ビジネスホテルのようなシンプルな外観のラブホもある。お城のようなラブホテルは全国各地にあり、一説によると、目立つ外観にすることで広告費をかけなくても集客効果が見込めることからこのスタイルが広まったという。

逆に、シンプルな外観なのに中に入るとド派手な内装の別世界が広がっていることもあり、そのギャップにテンションが急上昇するのもラブホ巡りの楽しみのひとつだ。

ビル型の例↓「ファミー（p.98）」、「ブルージュ（p.101）」、「ザ・ウェーブ（p.104）」

形態は主にこの3つだが、昭和ラブホの外観は多種多様だ。遊園地のようにカラフルでポップな見た目のものもあるし、千葉の「UFO（p.95）」に代表されるまさにUFOのような円形ラブホに、ショッキングピンクがまぶしい大阪の「ローラン（p.119）」など色彩勝負のものもある。

ラブホを訪れたら外観なんてゆっくり見ないでそそくさと中に入ってしまう……という人も多いと思うが、各ホテルの趣向が凝らされた自慢の外観を楽しまないなんてもったいない！と私はいつも思うのである。

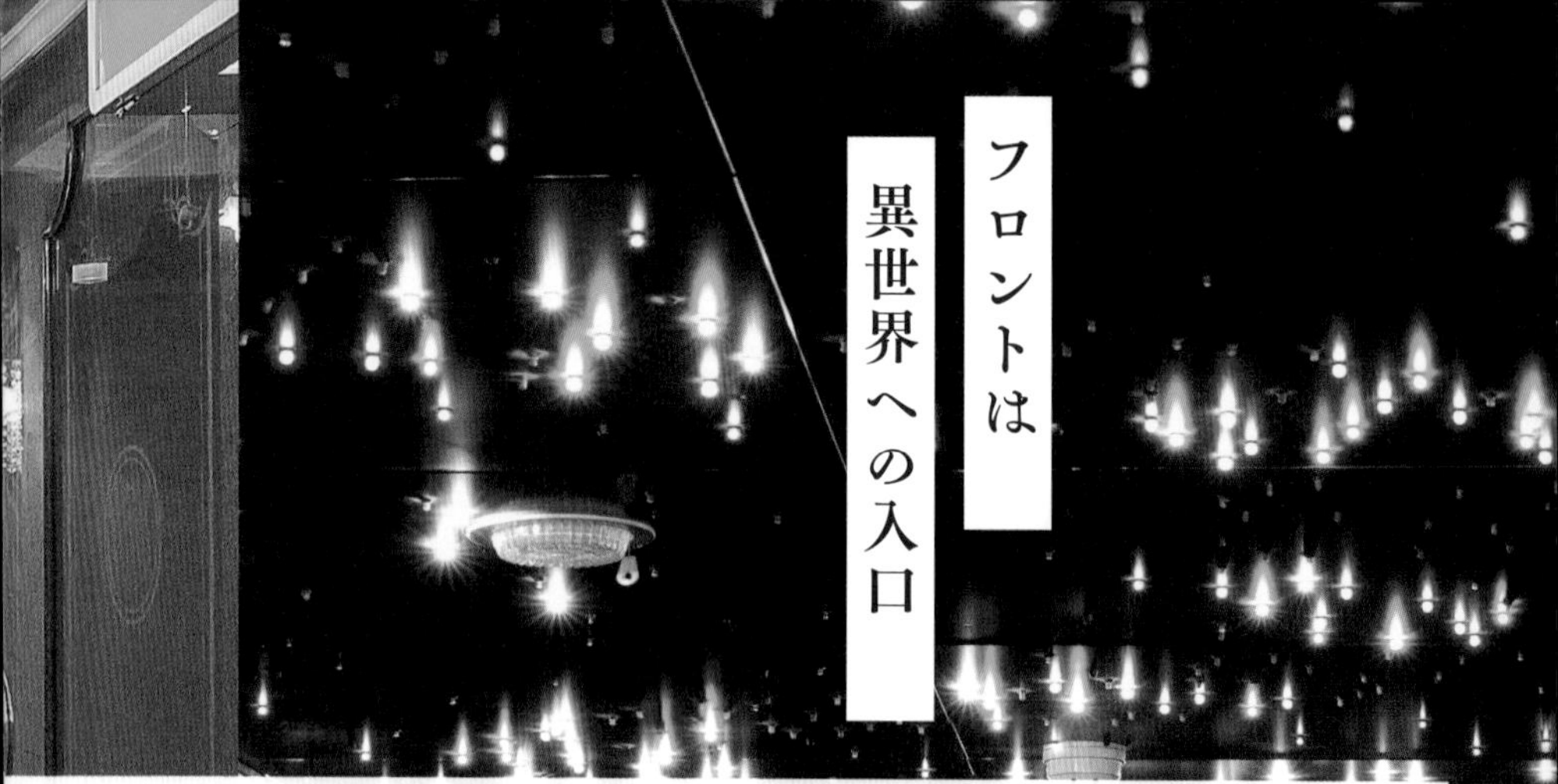

フロントは異世界への入口

シャンデリアの灯りに照らされて

美しい外観を心ゆくまで堪能したら、いよいよ昭和ラブホの中に入る。一歩足を踏み入れると空気がガラっと変わり、私の中の「昭和ラブホスイッチ」が入る。

フロントに敷かれた赤い絨毯、頭上には洒落たシャンデリアと黄色い光を放つ豆電球。廊下の壁は鏡張りで、自分の姿が映し出されている……というのが、昭和ラブホのよくあるパターン。入口からこんな昭和感に出会うと、私は何とも言えない恍惚感、高揚感に包まれる。この日のために一生懸命働いてきたんだ、いや、生きてきたんだ！　そんな思いが体中から溢れ出す。

パネル写真を眺める至高の時間

昭和ラブホのフロントといえば、パネル。思わず「いつ撮ったんだ」と突っ込まずにはいられない、色褪せた写真たちを眺める。昭和ラブホは「1号室」「2号室」といったシンプルなものはもちろんのこと、「アラビアンナイト」「果実の部屋」といった個性的な名前が付いている部屋も多く、パネルを眺めているだけで楽しい。

「熱海」「東京」といった地名の部屋を見つけると、昭和のホテル業界の流行の名残を感じてこれもまたおもしろい。部屋の名前と内装は必ずしもリンクしているとは限らないが、そういったチグハグ感も一興だ。（ただ、昭和テイストのパネル写真にワクワクしながら部屋に入ると、写真とはまったく違う内装にリフォームされていた……というケースもあるので、不安ならフロントで確認してみるといいかもしれない）

部屋を選んだら、薄暗い空間をカーペットに従って進み、フロントへ。窓が

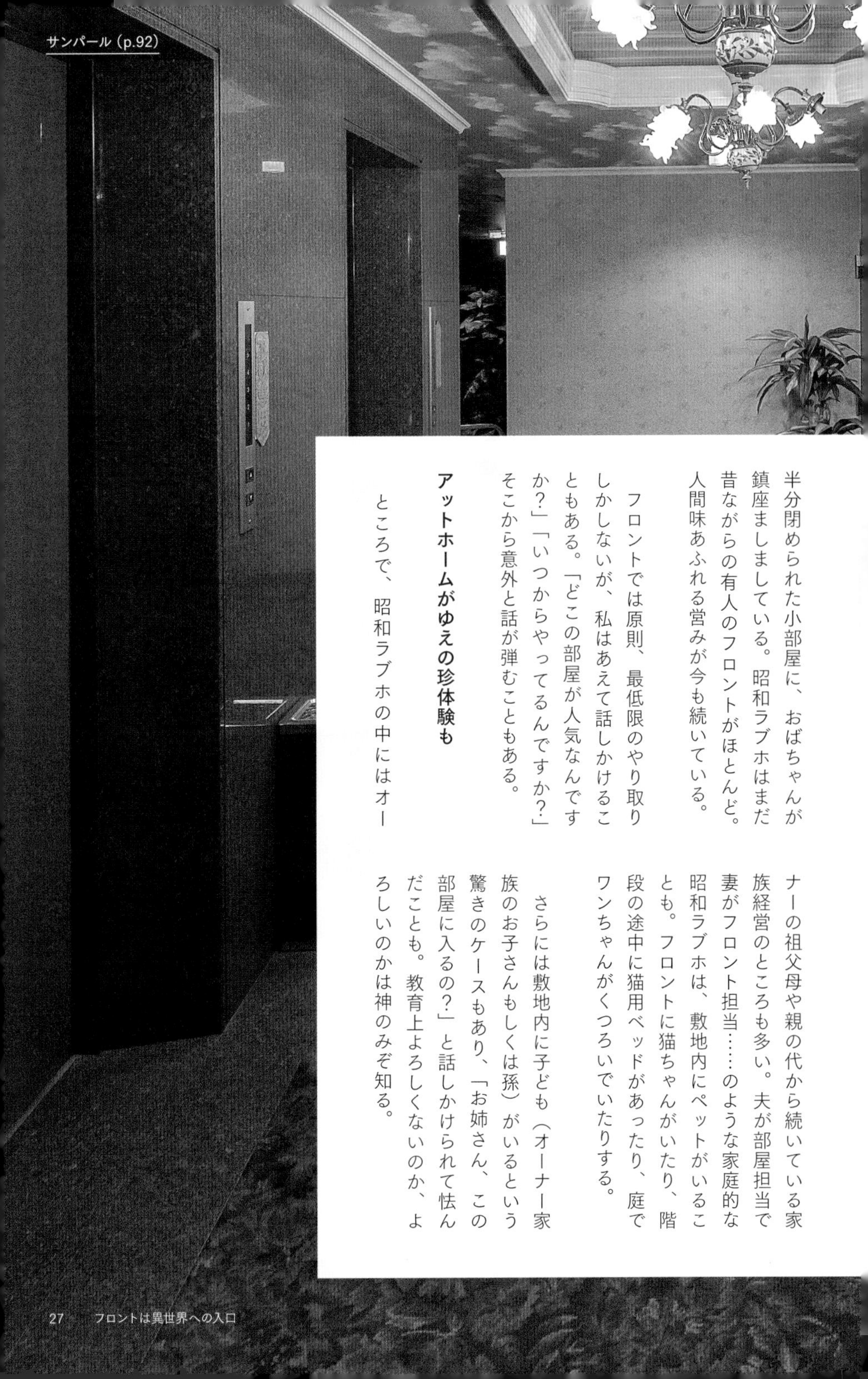

サンパール（p.92）

半分閉められた小部屋に、おばちゃんが鎮座ましましている。昭和ラブホはまだ昔ながらの有人のフロントがほとんど。人間味あふれる営みが今も続いている。

フロントでは原則、最低限のやり取りしかしないが、私はあえて話しかけることもある。「どこの部屋が人気なんですか？」「いつからやってるんですか？」そこから意外と話が弾むこともある。

アットホームがゆえの珍体験も

ところで、昭和ラブホの中にはオーナーの祖父母や親の代から続いている家族経営のところも多い。夫が部屋担当で妻がフロント担当……のような家庭的な昭和ラブホは、敷地内にペットがいることも。フロントに猫ちゃんがいたり、階段の途中に猫用ベッドがあったり、庭でワンちゃんがくつろいでいたりする。

さらには敷地内に子ども（オーナー家族のお子さんもしくは孫）がいるという驚きのケースもあり、「お姉さん、この部屋に入るの？」と話しかけられて怯んだことも。教育上よろしくないのか、よろしいのかは神のみぞ知る。

YOU2 (p.143)

昭和ラブホのベッドを語る

昭和ラブホのベッドといえばやっぱり……

部屋に入って最初にチェックするのは、やはりベッドだ。昭和ラブホのベッドは一つひとつが個性的で飽きない。

まず、昭和ラブホといえば〝回転ベッド〟をイメージする人が多いだろう。今は条例の関係で新規設置が難しくなった回転ベッド。まさに昭和ラブホを象徴するような存在だ。ちなみに私は「ビケンズベッド（ラブホテルのベッドを多く作っているメーカー）」製のベッドに心からの信頼を置いていて、部屋に入ってベッドのメーカーを調べて「ビケン」と書かれたプレートを発見すると嬉しかったりする。

それにしても、なぜベッドを回転させるなんていうぶっ飛んだ案を思いついたんだろう。私は長年不思議に思っていたが、今回本を作るにあたってお話を伺ったラブホテルデザイナーの亜美伊新（あみい・しん）さんがその答えを語ってくれているので、ぜひインタビュー（p.58）も読んでほしい。

汽車型、船型、なんでもアリ

ただ、ここで私が声を大にして言いたいのは「昭和ラブホ＝回転ベッド」ではない！ということだ。回りながら数メートルの高さまで上昇するベッド、貴族感を味わえる馬車型ベッド、貝殻をかたどったベッド……ワンダーなベッドは本当にたくさんあるのだ。

特に度肝を抜かれるのが、福島の「バステル花（p.86）」にある汽車型ベッド。「銀河鉄道９９９」という部屋にあるのだが、枕元のボタンを押すとベッドがレールの上を動き、鏡張りの宇宙空間に突入するのである。まるで遊園地のアトラクションのようだ。木製のレールは今にも壊れそうで、換えの部品もおそらくないだろうから、「壊れたら終わり」な感じがするのも昭和ラブホならではだ。

あるホテルでは昔、船型ベッドの周りに池のように水が張ってある……という演出が施されていたという。その中を鯉が泳いでいたそうだが、お客さんが水の中にタバコを投げ捨てて大切な鯉が死んでしまうのでやめてしまったとか。ちなみにお風呂の底が透明のガラス板になっていて、その下を金魚が泳いでいるパターンもあったらしい。これも危ないとの理由でやめてしまったそうだ。一度でいいから見てみたかった。

ラブホのベッドは、女性の神秘性の表れ？

ラブホですることなんてひとつしかないのに、よく、ここまで情熱的に無駄な機能を備えたベッドを作ったなと思う。

「バステル花」のオーナーは「昔の私にとって、女性は今よりもっと神秘的な存在だった。その感覚がベッドを含めた内装にも反映されている」と語った。ラブホテルの摩訶不思議な趣きは、女性の神秘性に根ざしているものなのであろうか。

たしかに昭和ラブホの世界では、オーナーや設計者は基本的に男性ばかりで、女性が設計したというのはあまり聞かない。回転ベッドをはじめとした昭和ラブホのベッドたちは、ラブホがまだ男性目線一色だった時代の遺物なのかもしれない。

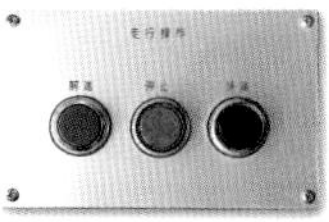

g. 星の王子さま　h. R久留米　i. 夢の国　j. ナポレオン　k. R久留米　l. クロノス

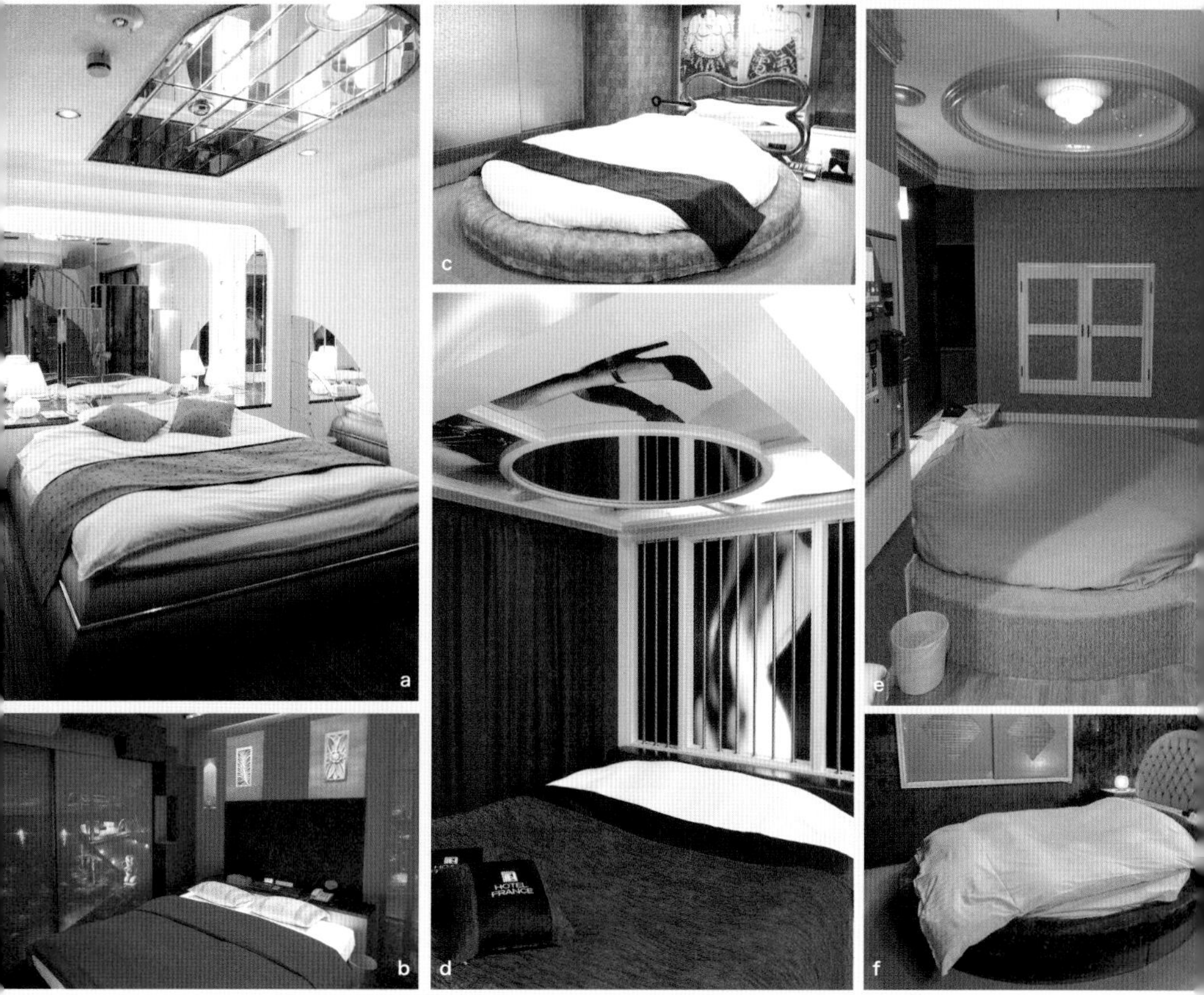

a. クロノス　b. YOU2　c. R 久留米　d. フランセ　e. UFO　f. グリーン

ナポレオン（p.83）

昭和の香りはお風呂に宿る

出会うとうれしいタイルのお風呂

ベッドと並んで重要なのが、お風呂だ。

お風呂は水回りなので、経年劣化が進みやすく、維持が大変な設備のひとつだという。なので部屋はそのままにお風呂だけリフォームしてしまう昭和ラブホもある。仕方がないことだが、入ってみた部屋のお風呂が現代風だと、やはり少し寂しさを感じる。

だから、昭和のままの形を保っているお風呂はそれだけで貴重だ。よくあるのは、タイル張りの壁や床。タイルは真っ赤に統一されているところあれば青一色のところあり、まるでおばあちゃんの家のような豆タイルのところありと、バラエティに富んでいる。風呂の形も、正方形から長方形、丸いものから貝殻の形（!）までさまざまだ。

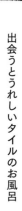

そういったホテルはだいたい部屋ごとに風呂の内装が違うので、全部屋制覇したくなってしまう。あるホテルのオーナーからは「タイルを研究している大学教授が（調査のために）見に来る」という話を聞いたことがある。タイル貼りのお風呂は、それくらい貴重なものなのだ。

女性からクレーム殺到のお風呂とは……

西洋風のラブホテルだと、思いがけず猫足バスタブに出会うこともあり嬉しくなる。「ファミー（p.98）」には、なんと岩風呂がある部屋も。温泉旅行に来たかのような気分だ。

ラブホの定番とも言えるガラス張りのお風呂場は、男性の欲望の産物だろう。その派生系で、「バステル花（p.86）」には以前、透明な風呂釜を下から覗けるお風呂があったという。女性客からのクレームが多すぎて改装したらしい。

「夢の国（p.134）」には、お風呂直結のウォータースライダーがついている部屋がある。部屋から一瞬でお風呂にダイブできるのだが、お風呂の底が浅いため、一歩間違えたら怪我をしそうでハラハラドキドキする。

東京の有名な某老舗ラブホには、昔「カップルでゴンドラに乗って、ゴンドラごと移動してお風呂に浸かる」というアトラクションがあったとか……。体験してみたかった！

といった感じで、昭和ラブホのお風呂について語りたいことは尽きない。もし建設当時のお風呂が残っているホテルに行ったら、ぜひ隅々まで堪能してほしい。

ファミー（p.98）

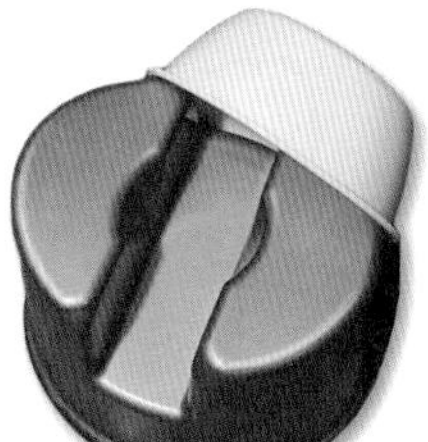

m. UFO　n. ローラン　o. 富貴　p. ロンシャン　q. グリーン　r. UFO　s. クロノス
t. YOU2　u. 富貴　v. ザ・ウェーブ　w. リープハーバー　x. 星の王子さま

a. ザ・ウェーブ　b. ニューオアシス　c. 富貴　d. ローラン　e. ブルージュ　f. ニューオアシス
g. 富貴　h. ローラン　i. 富貴　j. ローラン　k. 富貴　l. フランセ

ゴージャス＆ノスタルジックなインテリア

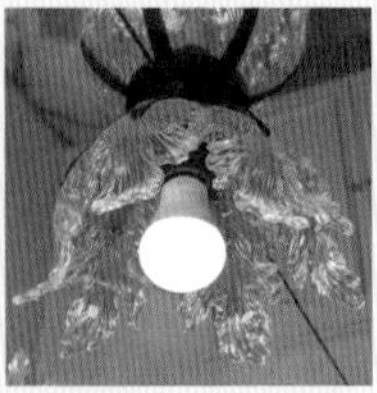

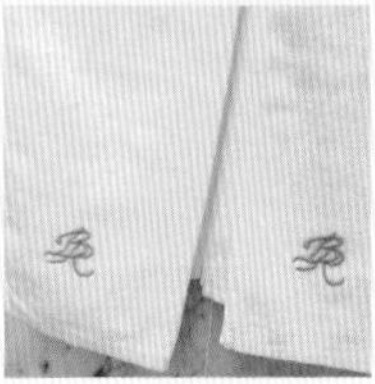

夢の国（p.134）

金額が気になる家具の数々

昭和ラブホのインテリアは、とにかくゴージャスでお金がかかっていそうなものが多い。高度経済成長期からバブル期に建てられているから当たり前ではあるのだが、新しいシティホテルではとても見られないような内装は隅々まで見る価値がある。

千葉の「ファミー（p.98）」のある部屋はチンチラ張りの壁があり、同じく千葉の「ブルージュ（p.101）」には、ひとつ1000万円とも言われるイタリア製のソファが置かれている。豪華なシャンデリアもよく見かけるし、部屋の照明も一つひとつ違う凝ったデザインだったりする。言葉では説明しきれないファビュラスな内装の数々は、ぜひ後半のホテルカタログでご覧いただきたい。

備品でホテルのこだわりを感じて

また昭和ラブホには、趣きのある備品がたくさんある。たとえば、今ではもうほとんど見かけないダイヤル式電話。色も形もどれもかわいらしく、眺めているだけで幸せな気持ちになる。フロントで渡されるアクリルキーを手に取ると「昭和ラブホに来たぞ！」という実感が湧いてくる。ツマミを倒す形のスイッチや、枕元にある有線のスイッチ。そんなちょっとしたディティールに心が踊るのも、各ホテルの作り込まれた世界観があってこそだ。

昭和ラブホの名脇役、ホテル名入りのオリジナルグッズも見逃せない。ライター、マッチ、タオル、バスローブといったグッズはくまなくチェックする。特にマッチのパッケージは各ホテルの特徴がぎゅっと詰まっている感じが好きで、つい集めてしまう。

今は閉店してしまったが、昔東京の小岩にあった「ホテル赤い靴」のマッチは、パッケージがホテル名とリンクした赤色で、ハイヒールのイラストがあるところに小さなこだわりを感じて感動した。インターネットが普及してなかった時代には、名入りのマッチ箱が宣伝として大きな役割を果たしていたのだろう。

ゴージャスさだけじゃない、庶民的でノスタルジックな雰囲気が共存しているのも昭和ラブホのいいところ。靴ベラやテレビのリモコンといった備品に油性マジックでホテル名が書かれていたりするのも昭和ラブホあるある。印刷された文字が主流の今、手書き文字を見るとタイムスリップしたかのような気分になるから不思議だ。

リープハーバー（p.122）

夢の国（p.134）

好奇心をそそるおもしろ設備たち

カップルで楽しむアトラクション

昭和ラブホには、本当に「昭和ラブホでしか見られない」レアな設備が存在する。

たとえば、「ラブチェア」をご存じだろうか。男女が向き合って座る椅子で、お金を入れると自動で動くようになっている。元々は介護用に開発されたものを転用して、ラブホで使われるようになったそうだ。私は広島の「夢の国(p.134)」で、20分300円で(一人で)楽しんだ。カップルが二人で乗れるブランコ、通称「ラブランコ」なるものも存在したらしい。(ラブランコにはバイブが内蔵されているそう)

度肝を抜かれる会計方法とは

また、今はほとんど絶滅危惧種ともいえる「エアシューター」。部屋の小窓を開けるとプラスチックの筒が入っており、その中に部屋代を入れてボタンを押すと、チューブを通ってバックヤードにお金が送られるシステムだ。おつりはまた筒に入れられて同じ場所へ戻ってくる。

顔を合わせずにお会計をするためだけに、こんなにお金のかかりそうな設備を作ってしまうなんて……。昭和ラブホの設計士の方々に賛辞を送りたい。千葉の「UFO（p.95）」の取材時にエアシューターの裏側を特別に見せていただき、ものすごく感動した。

京都の「クロノス（p.125）」は、部屋の中に回転木馬やブランコ、ウォータースライダー、本格ジムといったアトラクションが目白押し。大人が童心に帰れるような遊び心が溢れているところに、昭和ラブホのサービス精神を感じずにはいられない。

つい読み込んでしまうらくがき帳

地味だが私がいつも楽しみにしているのが「らくがき帳」。一部の昭和ラブホにはまだ置かれていて、訪れた人同士のコミュニケーションツールになっている。ホテルを利用した感想や恋人への愛のメッセージなんかが主で、イラストが描かれていることも多い。ちなみにイラストはどこのホテルでも全体的にかなりレベルが高い。

お互いの名前、出身地といった個人情報ぎりぎりな内容が書かれていたり、不倫カップルがここでは言えないようなことを書いていたりと、いろいろヤバいのだがそれもおもしろい。明け方まで夢中で読んでしまうこともある。

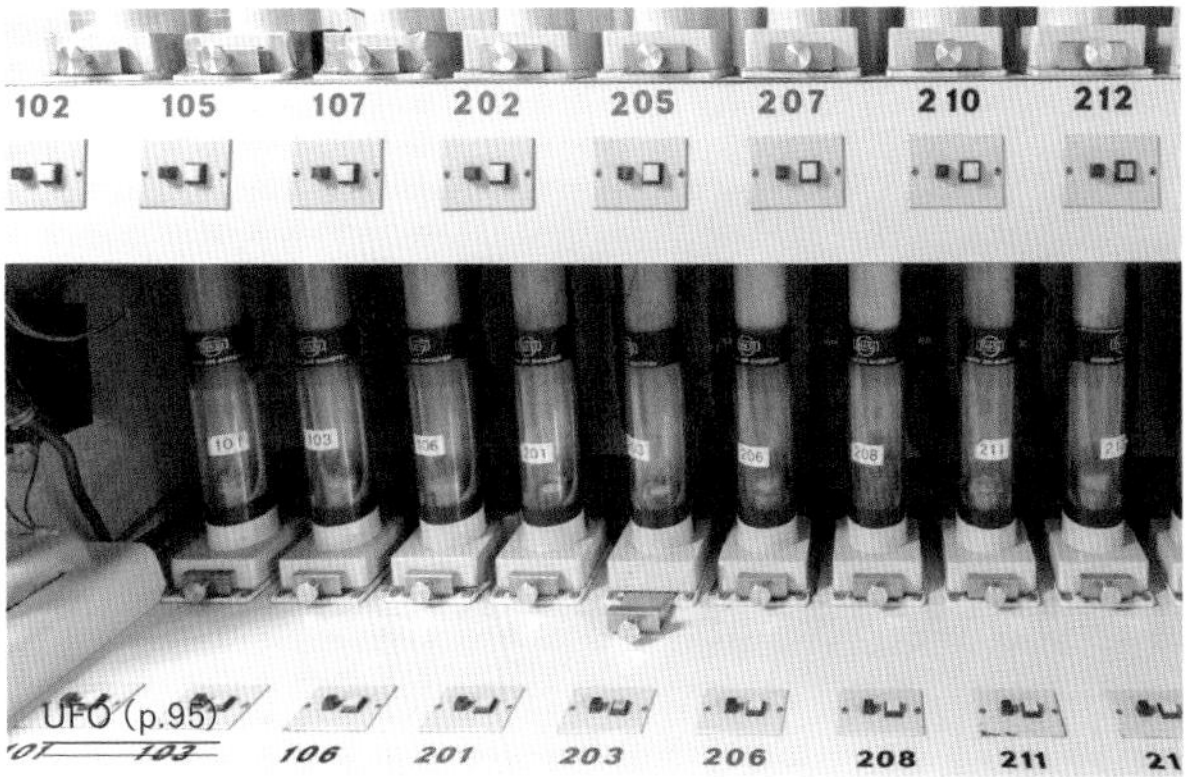

UFO（p.95）

夢の国（p.134）

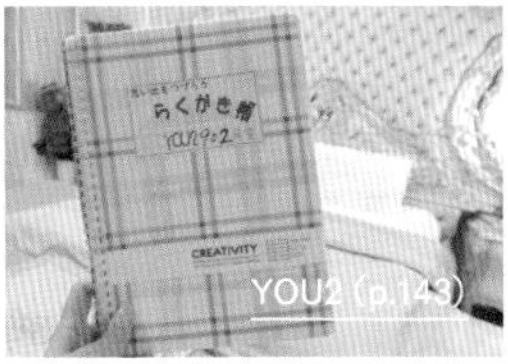

YOU2（p.143）

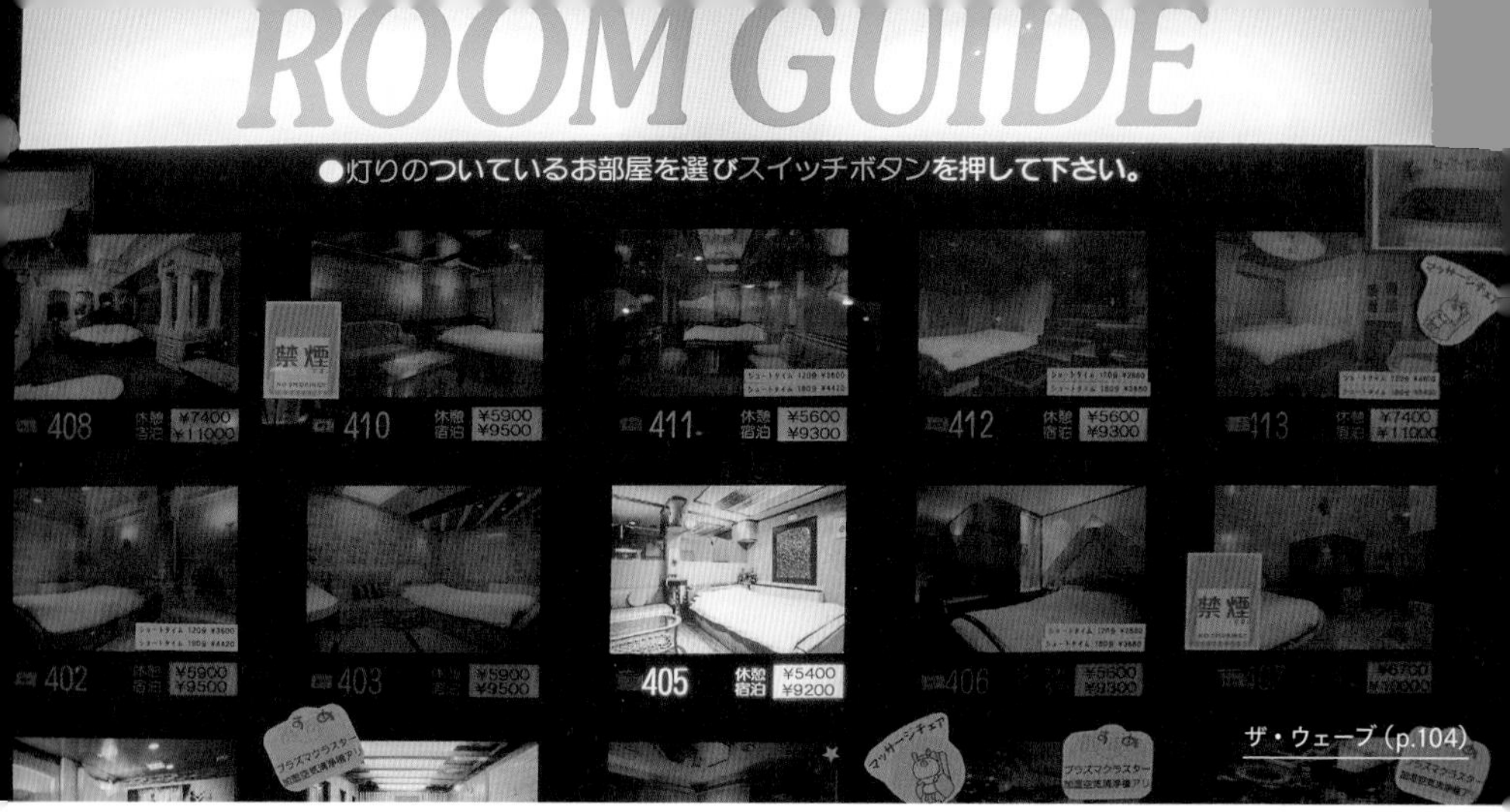

ザ・ウェーブ（p.104）

昭和ラブホの会計4パターン

昭和ラブホの会計方法は、大きく分けて
「エアシューター」「小窓」「フロント」「自動精算機」の４つがある。

エアシューター

これは前の項でも紹介した通り、現金をプラスチックの筒に入れてボタンを押すと、バックヤードにそのまま筒が送られるというシステムだ。お釣りと一緒に割引券が送られてくることもある。昔ながらの会計方法なのになんだか斬新さを感じ、エアシューターを見ると思わず心躍る。千葉の「UFO（p.95）」、沖縄の「YOU2（p.143）」では、エアシューターがまだ現役で活躍している。

小窓会計

玄関付近に小窓が付いていて、その窓を開けてお金のやりとりをする。客、従業員共に互いの手元しか見えないため、エアシューターと同じく直接顔を合わせずに済むのがラブホならでは。小窓会計は戸建て形式のラブホでよく見られる。本書で紹介しているホテルだと、栃木の「ガラスの恋（p.89）」でこの会計システムが取り入れられている。

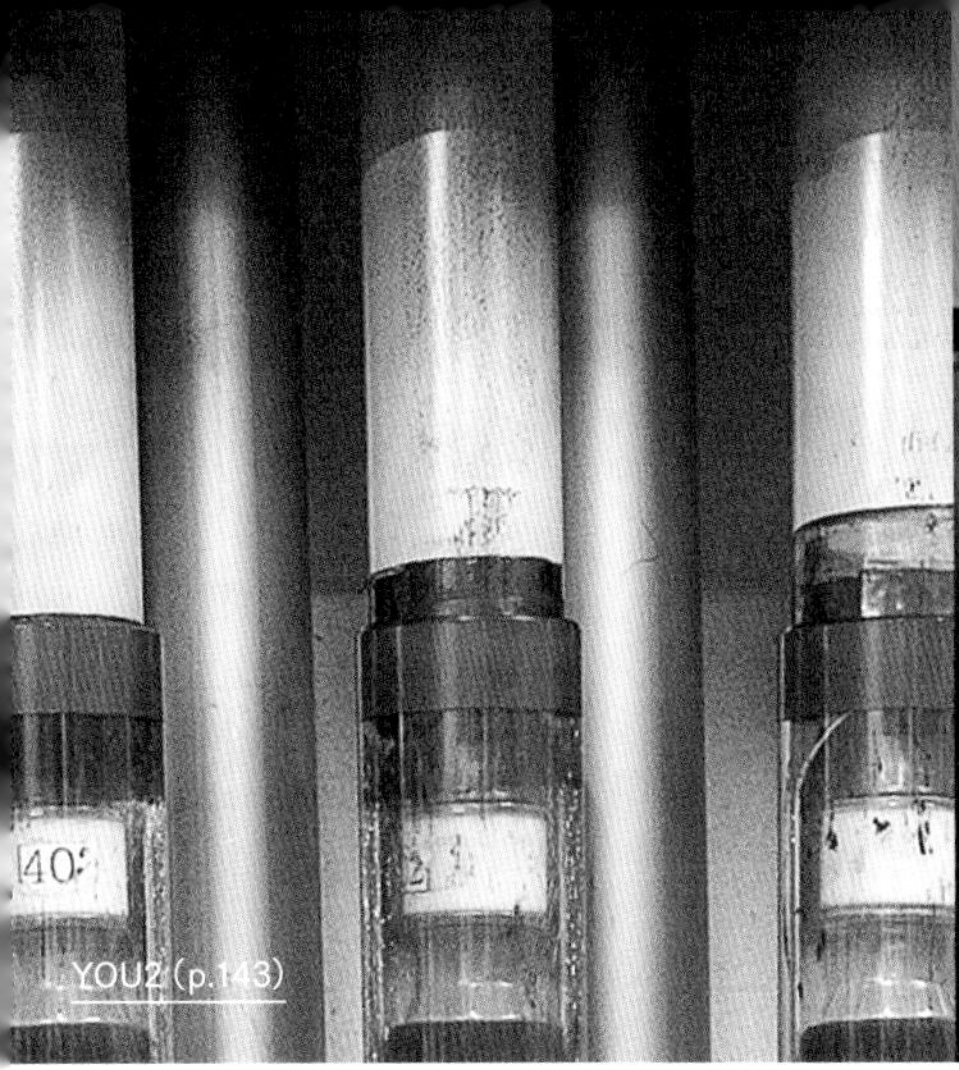
YOU2（p.143）

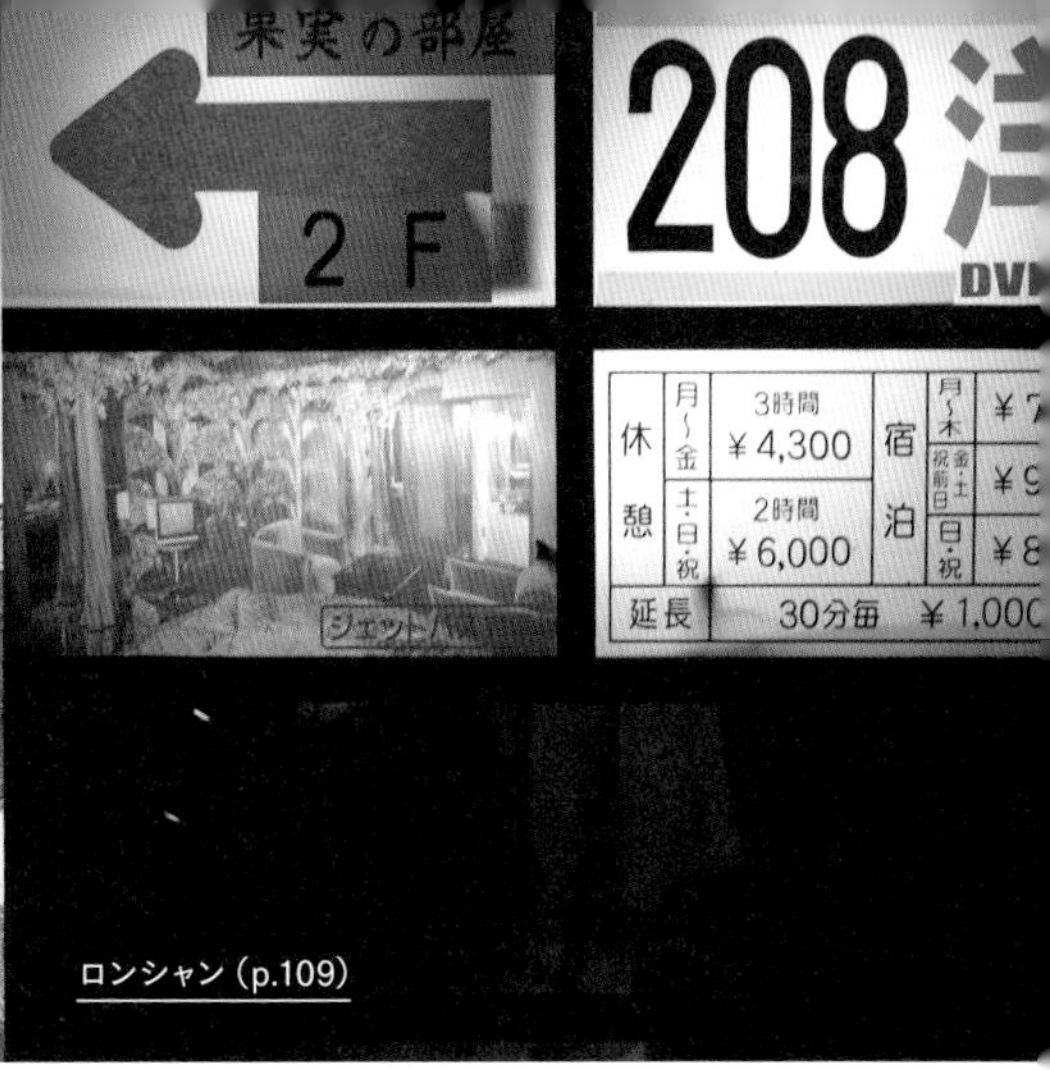

ロンシャン（p.109）

フロント精算

入室するときに部屋の鍵を受け取り、帰るときにここで支払いも済ませる。フロント担当の従業員が丁寧だと、一気にそのラブホに対する印象が良くなる。埼玉の「サンパール（p.92）」、大阪の「富貴（p.112）」などはフロント会計だ。

自動精算機

内装は昭和のままでも、会計システムをエアシューターや小窓から自動精算機での会計に移行している昭和ラブホは多い。富山の「ロンシャン(p.109)」、岡山の「フランセ（p.128）」などは自動精算機での会計だ。

会計方法は自動精算機に変わってしまっても、エアシューターの設備が撤去されずに残っている昭和ラブホもときどき見かける。せっかくエアシューターがあるなら稼働してあげてほしいくらいだ。いかにエアシューターや小窓での会計がレアなものになりつつあるのかが分かる。これらは貴重な昭和遺産だ。

また以前、小窓会計のラブホで「オーナーが留守の時は机の上にお釣りのないように、料金を置いていってください」というメモ書きに出会ったことがある。これを見た時はとても驚いたし、お金を払わずに帰ってしまう人もいるのでは……と不安になった。（防犯カメラもあったし、大丈夫だと信じたい）

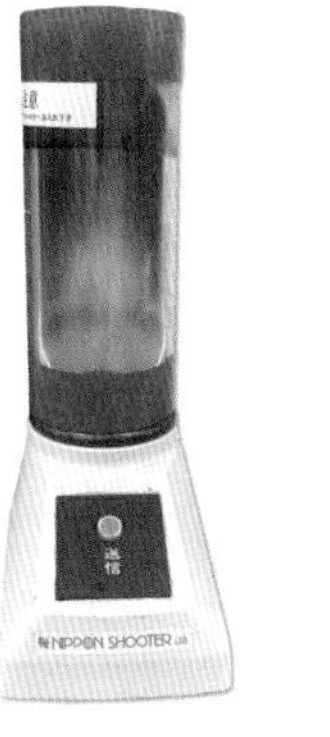

ロンシャン（p.109）

消えゆく昭和ラブホは、今

ひと月で3店舗が閉業することも

ここまで昭和ラブホの魅力について語ってきたが、残念ながら昭和ラブホの現状はあまり芳しくない。むしろ危機と言ってもいいくらいだ。

新型コロナウイルスの流行前でも、半年に一度くらいは昭和ラブホの閉業のニュースを見聞きしていたが、最近ではひと月に3店舗が閉業する知らせを聞くこともざらというペースだ。

軒並み閉業しているのは、企業がチェーン展開で経営しているラブホではなく、個人や老夫婦で細々とやっているラブホなのだ。もともと昭和ラブホは、施設の老朽化、維持費を捻出できない、オーナーが亡くなるなどといった理由か、新しくできたキレイなラブホやビジネスホテルの安いプランとの競争に敗れての閉業が多かった印象があるが、やっぱり新型コロナウイルスの流行の打撃は大きかったのだろうか。

地方の昭和ラブホの深刻な現状

この本に掲載する予定だった昭和ラブホの中には、本を制作している間に廃業してしまったところがいくつかある。うきうきして訪れた昭和ラブホがひっそり営業を終了していると、本当にショックが大きい。

地方にある昭和ラブホは、特に深刻だ。ラブホに限らず、今、日本の地方経済は危機に陥っている。ラブホは不況に強いと言われたのも今は昔。跡継ぎになるはずだった子どもたちも中央に出て行ってしまう。

これまでさまざまな昭和ラブホのオーナーに会い話を聞いてきたが、「もっとうちのラブホを知ってほしい」「もっと

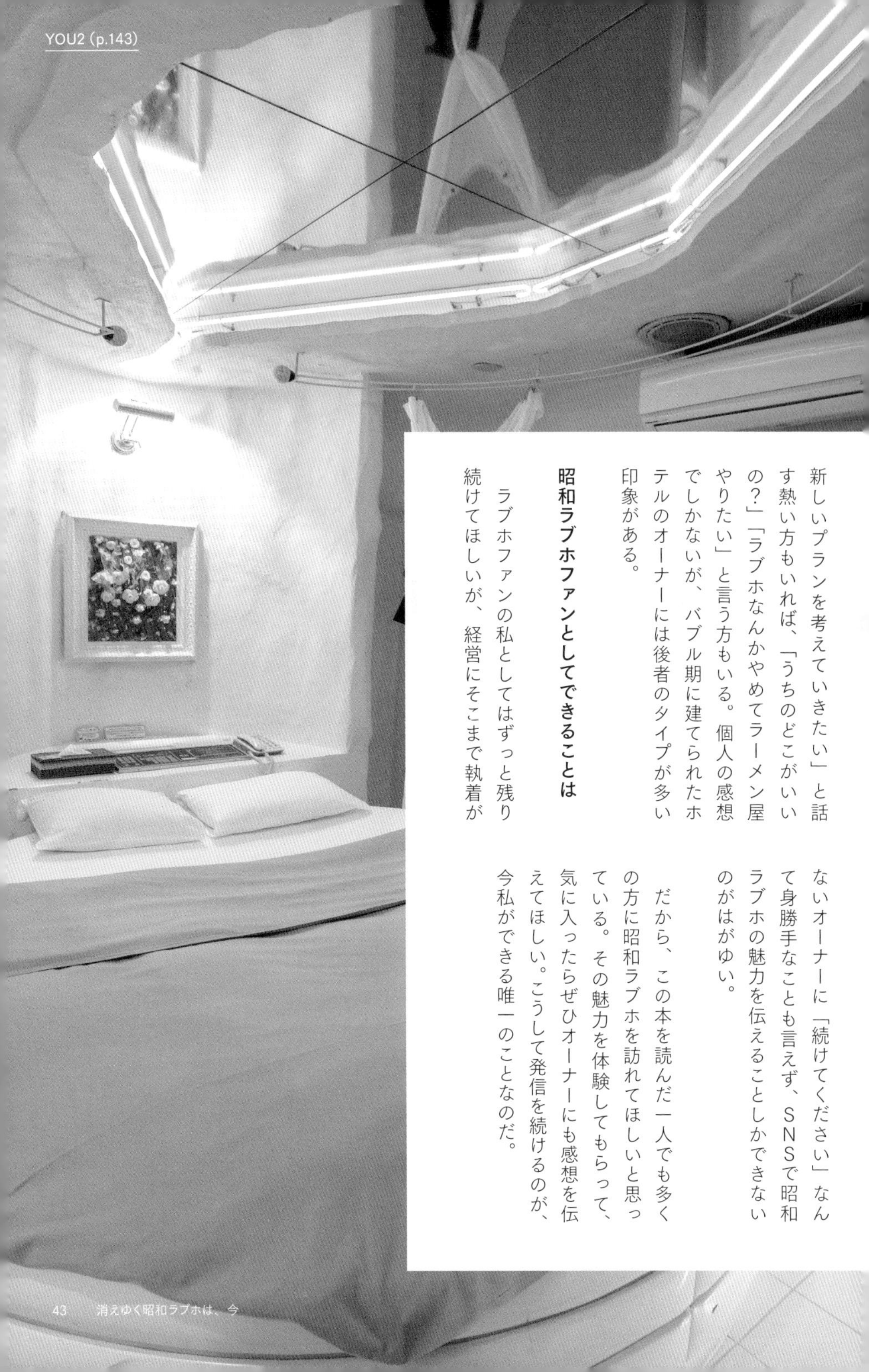

YOU2 (p.143)

新しいプランを考えていきたい」と話す熱い方もいれば、「うちのどこがいいの？」「ラブホなんかやめてラーメン屋やりたい」と言う方もいる。個人の感想でしかないが、バブル期に建てられたホテルのオーナーには後者のタイプが多い印象がある。

昭和ラブホファンとしてできることは

ラブホファンの私としてはずっと残り続けてほしいが、経営にそこまで執着がないオーナーに「続けてください」なんて身勝手なことも言えず、SNSで昭和ラブホの魅力を伝えることしかできないのがはがゆい。

だから、この本を読んだ一人でも多くの方に昭和ラブホを訪れてほしいと思っている。その魅力を体験してもらって、気に入ったらぜひオーナーにも感想を伝えてほしい。こうして発信を続けるのが、今私ができる唯一のことなのだ。

ブルージュ（p.103）

第二章

Chapter Two

昭和ラブホをつくり、守る人々

絶滅の危機に瀕しているといっても過言ではない昭和ラブホ。経営者やオーナーをはじめ昭和ラブホに関わる人たちは、どのような思いでその現状を見つめているのだろうか。「ホテル ブルージュ」「ホテル ファミー」のオーナー、そして、これまで1600軒以上のラブホテルのデザインを手がけた巨匠・亜美伊新さんにお話を伺った。

オーナーインタビュー ― ホテル ブルージュ

イタリアの職人技が産んだ圧巻のゴージャスさ

―まず、ブルージュがどんなホテルなのか教えてください。

このホテルは1989年に建設され、1998年に母が購入し、母が亡くなってからは私が引き継ぎました。ヨーロッパの宮殿のような部屋が売りで、全47ある部屋のうち30部屋以上はヨーロッパ調。一つとして同じ部屋はありません。

―初めて訪れた人はゴージャスさに驚くと思います。建設に一体いくらかかっているんでしょうか……？

総工費は36億円ほどで、イタリアから職人を呼び内装をしてもらったと聞いております。ロビーにあるソファ3セットは輸入家具で、当時の価格で1000万円したとか……。ソファの枠組みの木を手彫りで彫っているので高価なようです。今売っている類似品は型押しが多いので、手彫りはとてもめずらしいですね。

―なるほど……。ベッドや家具、一つひとつの繊細な作りに目を奪われます。こんなゴージャスなホテルには、どのような方々が来ているのでしょうか。

やはりカップルの方の利用がメインですが、女性の友人同士で来られる方も増えています。比率で言うとカップル8割：友人同士2割といったところですね。女性グループだとコスプレ撮影の需要も高くて、ブルージュで撮影した写真をSNSに載せている方も多いので、「Ｉｎｓｔａｇｒａｍを見ました」と言って来店してくださるお客さまもいます。

ホテル ブルージュ代表
速水 健晴さん

――私も友人とのポートレート撮影で「ブルージュ」を利用したことがあります。その時は、ここに来るまでのタクシーで運転手さんに「内装すごいんだって？　よく女性同士のお客さんを送り迎えすることがあるよ」と言われました（笑）

それはうれしいですね。数で言うと、平日はだいたい一日30～40組、土日は一日80～90組くらいのお客さまが来店されます。

子連れで来るファミリーも。多様化するホテルのあり方

――世間的には「カップルで利用する場所」というイメージが強いと思いますが、速水さんのお話を聞くとホテルの多様化が進んでいるように感じます。

うちは風営法ではなく旅館業法でやっているホテルなので、お子さま連れでも利用できるんです。実際に、毎年家族で来てプール付きの007号室を楽しんでくれているファミリーのお客さまもいます。貸切プールで周りを気にせず遊べるし、コロナ禍では感染リスクが少ないというメリットもあります。

――「子どもを連れて行くの!?」と抵抗がある人もいそうですが、「ブルージュ」はいやらしさがなくて、テーマパークに来た感覚で楽しめそうです。むしろ子どもの頃からこんな場所に来れるなんてうらやましい……。

プール付きの部屋はもともと4名様料金になっているんです。プールは夏季のみオープンしていて、別途夏季料金がかかりますが、それでも都内の高級ホテルのプールを利用するよりも安く済むので、ぜひ夏のおでかけの選択肢に入れていただきたいですね。

――ルームサービスのごはんも本格的で美味しかったです。メイン料理からドリンクメニューまで種類豊富で、ハイクオリティですね！

ありがとうございます。「ブルージュ」にはちゃんとした業務用の厨房があって、料理はすべてそこで作っているんですよ。かつてはバーベキューのサービスをやっていた時期もありました。テラス付きの部屋もありますし、バーベキュー道具の持ち込みもOKにしていたので、毎年何組かはバーベキューを楽しむお客さまがいらっしゃいましたね。

――なんという太っ腹なサービス！　ラブホでバーベキュー、想像しただけでワクワクが止まりません。またサービスが復活したらぜひやりたいです。

お金をかけても
世界観を守ることを優先する

――ロビーには「ブルージュ」がロケ地になったドラマや映画のポスターが貼ってありますね。撮影に使われることも多いのでしょうか。

ドラマや映画の撮影はよくあります。先日も有名な俳優さんがいらして、部屋や廊下を貸し切って朝から晩までほぼ丸一日撮影を行っていました。放送を見た方から、「あの番組に映っていた部屋は何号室ですか?」と問い合わせをいただくこともあります。いろんな人に「ブルージュ」を知ってもらうコマーシャルになるのでありがたいですね。

――この内装を維持するのは大変だと思います。今後、どんなふうに「ブルージュ」を守っていきたいですか?

内装がヨーロッパ調の雰囲気なので、壁掛けのエアコンを入れただけでも一気にイメージが台無しになってしまいます。なので、埋め込み型のエアコンを導入して部屋のイメージを崩さないようにしています。そういったこだわりがあるので、正直内装のメンテナンスにはすごくお金がかかります……。

他のホテルさんも同様だと思いますが、このホテルも創業から30年以上経っているので、定期的なメンテナンスは必要経費と腹を括ってやっていかなくてはいけません。ただ、そうすることでお客さまが来てくれたら、この先もホテルを続けていけるので、この本を読んで興味を持ってくださった方はぜひ「ブルージュ」を訪れてみてほしいですね。

オーナーインタビュー ホテル ファミー

シティホテルにはない妖艶さ、
非日常なムードが昭和ラブホの醍醐味

――武本さんはお父さまから「ホテルファミー」を継いだとのことですが、ラブホテルの経営者になることについて当初はどんなお気持ちがありましたか？

ネガティブな気持ちは全然なかったですよ。ラブホテルは日本の文化ですし、外観も内装もサービスも多種多様で、やりがいがあるなと感じました。むしろ楽しみのほうが大きかったですね。

――改めて、外観も内観もほかには真似できないすごいホテルですよね。特に7階の部屋はどれもすばらしいです……！

デザインは、父が直接指示をしながら進めたと聞いています。プロのデザイナーが全体を統一して作ったわけではないので、同じ間取りはないですし、7階の部屋は特にこだわりを感じますよね。チンチラ張りの天井があったりと、相当お金がかかっています。もうこんな部屋を新しく作ることはできないので、何とか修理しながら残していけたらと思っています。

――「ラブホテルは日本の文化」というお話がありましたが、武本さんの思う「ラブホらしさ」ってなんでしょうか。

シティホテルにはないエロスを感じさせるような、妖艶で非日常な雰囲気だと思っています。清潔感を保ちながら、照明の暗さやベッドの色、お風呂の雰囲気なんかをしっかりアダルトに寄せていく。そこにはこだわっています。

ホテル ファミー代表
武本 政志さん

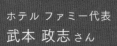

――今はシティホテルのようなクリーンな雰囲気のラブホテルも多いですよね。

シティホテルと同じように明るいフロントがあって真っ白なベッドがあって……というラブホテルも増えていますが、うちがそういうホテルを真似しても意味がないんです。今後「ホテルファミー」も改装を加えることはあると思いますが、うちらしさはしっかり残したままで細部を変えていくといったリフォームになると思います。やっぱりラブホテルって、どこか後ろめたいような、そういう存在であっていいと僕は思うんですよね。

ゴージャスな内装を存分に楽しんでもらえるやり方を

――ファミーを利用するのはどういった方なのでしょうか。

カップルの方の利用がメインで、年間100回以上来てくださるようなヘビーユーザーさんもいらっしゃいますよ。

――年間100回!?それはすごい。創業時からずっと通っている方なんかもいるのでしょうか?

そういう方もいたらいいなとは思っていますが、実際どうかはちょっとわからないですね……。あと最近では、コスプレイヤーの方やインスタグラマーの方にもよくご利用いただいています。7階の部屋はそれぞれコンセプトがはっきりしていて写真映えするので、撮影用のプランをご提供しているんです。3日に1回くらいは撮影のご予約をいただきますね。かなり好評です。

――なるほど!たしかにこんな豪華な部屋で撮影ができたら最高ですね。

中華の部屋であえてミスマッチなコスチュームを合わせて撮影するとか、みなさんいろいろ工夫されているみたいです。あとはMV(ミュージックビデオ)やグラビア、映画やドラマの撮影にもご利用いただいていますね。その場合は屋上や廊下で撮ることも多いです。

先ほどもお話しましたが、最新のジャクジーがあって明るくて……みたいなきれいなホテルに行きたいのであればうちじゃなくていい。ファミーはファミーならではのアプローチをする必要があります。ゴージャスな内装はうちの大きな特徴なので、それをおもしろがっていただけるなら、撮影プランもどんどん伸ばしていきたいと思っています。

昭和ラブホの〝新しさ〟をおもしろがってほしい

――昭和ラブホファンとしては、この内装はぜひずっと残していただきたいですが、特に7階の部屋は設備を保ち続けるのがかなり難しそうですよね。

お風呂や水回りなど最低限の設備はきちんと整えないとお客さまも困ってしまうので、経年劣化は修理しつつ、元の雰囲気を壊さないように改装していけたらとは思っています。まだめどは立っていないのですが……。

――特に維持管理が難しいのは、たとえばどういったところですか？

音楽が流れる有線とかベッドのスイッチとかは、もう修理できる業者さんがほとんどいません。それからは岩風呂の修理はすごく大変です。すべてはがして修理しなきゃいけないので。タイルを貼り直すのにもお金がかかり

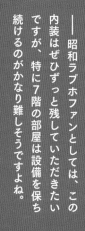

ます。改装の出費がきつくてホテル経営をやめてしまう人は多いです。

――悲しい……でも、シビアな現実ですね……。

高度成長期やバブルの頃は、新しいホテルを建ててもすぐに回収できたけど、今新しくこういう部屋を作るとなると採算が合いません。だからなるべくコストを抑えて、今あるものを残していくしかないんです。寂しさはありますよね。

――現代風に改装するか、古いものを残し続けるかの2択ということなんですね。

逆に全部新しくしたほうが安上がりなので、極端な話、「100万円かけて新しくするか600万かけて古いまま残すか」を選ばなければいけない。改装はおもしろみに欠けるし、僕自身も7階の部屋はすごく気に入っているので、なんとか皆さまの力を借りながら今のままで残していく方法を模索しています。「この雰囲気が好きです」と言ってくださるお客さまもたくさんいるので。昭和ラブホらしさと新しさを組み合わせたハイブリッドな形をうまく作れたらいいですよね。

――私も微力ながら一昭和ラブホファンとして応援し続けたいです。今後武本さんは、ファミーをどんな場所にしていきたいですか？

昭和の古き良き時代の雰囲気がずっと残っている場所であり続けたいです。ラブホテルが減って大事な日本の文化が廃れてしまうのは寂しいじゃないですか。ラブホテルがすべて普通のモーテルみたいになっちゃったらつまらない。だからレジャーホテル業界全体で盛り上げていきたいですね。

今って、若い方が昭和の雰囲気をおもしろがってくれていますよね。だから逆にチャンスでもあると思っていて。「ファミー」のような昭和ラブホテルらしい建築やデザインを、若い人たちに「新しい」と感じて楽しんでもらえるといいなと思います。

回転ベッドの生みの親
亜美伊新インタビュー

昭和ラブホの本を作ることが決まってから、絶対に話を聞きたいと心に決めていた人がいる。〝ラブホ界のウォルト・ディズニー〟とも呼ばれているレジェンド、亜美伊新さんだ。

昭和ラブホテルの象徴とも言える回転ベッドに、今ではどのホテルにも見られる部屋選択のパネル、鏡貼りの部屋、部屋内のカラオケ……それらも全部、昭和の時代に亜美伊さんが考案したものだというから驚いてしまう。

私は、彼がデザインした部屋見たさに全国のラブホを渡り歩いているともいえる。作られた当時の姿のまま残っている部屋は多くはないが、どれもぶっ飛んだデザインの部屋ばかりで、「何これ!?」という新しさ、驚きに満ちているのだ。

奇想天外で超豪華でド派手なデザインは、どんなきっかけで、どんなふうにできあがったんだろう？　念願叶い、ご本人に直接その問いを投げかけられることになった。

亜美伊《あみい》 新《しん》さん

日本全国に1600棟ものラブホテルを設計・プロデュースし、テレビ番組や雑誌等のメディア出演も多数。現在はラブホテル設計の第一線から身を引いているものの、過去に手がけてきた部屋には根強いファンも多く、「昭和ラブホファンなら知らない人はいない」とも言える存在。

「なんやこれ、とけなされた部屋ほど流行るんです」

——今日はお会いできるのをすごく楽しみにしてきました。この前、亜美伊さんが手がけられた部屋が残っている沖縄のホテルに行ってきたんですよ。恐竜の形のベッドがある……。

ええと、それは……どこでしたっけ。忘れちゃった。いろいろやってるから、覚えてられんのよ。

——(笑)亜美伊さんは1960年代からラブホテルのデザインを手がけ、1600軒以上の実績があるんですよね。改めて見るとすごい数ですね……!

ラブホテルの仕事を始めたのは、名神高速道路ができたり、大阪万博(日本万国博覧会)があったりした頃ですね。ちょうど車が普及し始めた時代で、「モーテル」「カーテル」と呼ばれるような、ラブホテルの原型が流行り始めた時期でした。街道沿いにできたモーテルを見に行って「あそこは5部屋だからこっちは6部屋のを作ろう」なんてやってましたね。それこそ北海道から台湾まで、いろんなホテルを作ってきましたよ。

——全面鏡貼りのデザインや部屋を選ぶパネルなどを生み出したことから、”ラブホ界のウォルト・ディズニー“との異名もあります。特に回転ベッドは、ラブホ界の革命だったんじゃないかと思うのですが……。

「亜美伊といえば回転ベッド」という言われ方をすることは多いですけど、あれはたまたまできたものなんですよ。たまたまストリップ劇場で回転するステージを見て「これはおもろいぞ」と思いついた。街で見かけたおもしろいものは、私はみんなベッドにしちゃうんです。

鏡貼りの部屋もね、ただ部屋が狭かったから思いついたアイディアなの。全面鏡貼りにしたら広く見えるんじゃないかって。で、いざ作ってみたら「これはすごいもんができたぞ」と。

——結果、「部屋に鏡」はすっかり定着しましたよね。当時の反応はどんな感じだったのでしょう?

女性からは「いやらしい!」なんて言われましたけど、言いながらもみんな行くんですよね(笑)最初に褒められたものは当たらない。「なんやこれ」って批判されたものほどヒットする。これは我々の世界だけの話じゃありません。大勢の人に褒められるっていうのは、平凡っちゅうことなんです。

——亜美伊さんは時事ネタを取り入れた内装がお得意とテレビ番組で見ましたが、今見てもものすごく斬新ですよね。当時はかなり話題を呼んだんじゃ

ないでしょうか。

時事ネタは……いろいろありますよ。ある汚職事件をモチーフにした永田町の部屋とか、貴乃花と宮沢りえの離別がテーマの部屋とか。ベッドが土俵の形なんです。日中国交正常化を記念したチャイナ風の建物なんかもありましたね。こういうのも、「なんやこれ」って馬鹿にされた部屋ほど流行りますね。

「ラブホテルが流行の最先端を走っていた時代があった」

――そんなアイデア、普通の人には思いつかないです……。亜美伊さんのアイデアの源泉って何なんでしょうか。

私はラブホテルの仕事をする前に幼稚園のデザインをちょっとお手伝いしたことがあって、その出発点がよかったのかなと思いますね。トイレに象さんリスさんの絵入りのおまるやそろばんの仕掛け付きのおまるなんかを作ったら、それまでトイレに行きたがらなかった子たちが、今度はトイレから出てこなくなった。そういう楽しさをラブホテルにも持ち込みました。

――幼稚園とラブホテル、一見すごく遠いものに思えるんですが……。

ラブホテルに大事な要素は、「テーマ性」「仕掛け」「動き」なんです。これはね、遊園地でも一緒です。動きのない場所は流行らない。遊園地で遊んで童心に帰れるような仕掛けを、ラブホテルにも持ち込んだだけのことです。だってセックスしてるときって、幼児語だし欲求に忠実だし、子どもと一緒でしょ。

――たしかに、亜美伊さんのデザインしたラブホテルはどれも遊園地みたいです。

部屋の中を汽車が動くとか、水の上に船みたいなベッドを置くとか、スモークが出るとかね、いろいろ作りました。あとはサドルにバイブが入ってるバイクのアトラクションとか、二人で向き合って乗るブランコ「ラブランコ」を置いたりね。そういうネーミングも自分で考えています。

――そういった奇想天外なラブホテルには、どんな人たちが訪れていたんでしょう？

地元のご夫婦なんかももちろん来られていましたけど、流行に敏感な若い方たちも多かったですね。70～80年代は、当時大流行していた女性誌の「anan」や「non・no」の時代。ラブホテルがさかんに取り上げられていて、女子大生たちの間で「この部屋知ってる？」「あの部屋は〝ナウい〟よ」なんて話題にするのが当たり前の文化がありました。

――まさにラブホテルが流行の最先端だったんですね。

1泊30万円の部屋を作ったときもすごく話題になりました。イタリアの家具職人にオーダーした豪華なベッドを入れたり、高いシャンパンを置いたりね。オーナーも含めみんなから「こんな高い部屋、誰が来るねん」と言われましたが、オープンのときは48件取材の申し込みがあって、急遽記者会見をしました。掲載はほぼ全部カラーのグラビアでしたね。

――1泊30万円！そのお部屋、見てみたかったです。昭和ラブホに行くといつも、豪華な外観や内装に驚かされますが、実際どれくらいお金がかかっているのでしょうか。

設計時のスケッチ（写真提供：株式会社アミー東京デザインルーム）

　費用は、一部屋に最低３０００万くらいはかけてましたよ。それでも2、3年で元が取れる時代だったんです。

「寝るのがもったいないと思うような部屋だったら作ったる」

――平成生まれからするとなんだか信じられないです……。今はそういった豪華な部屋がどんどん減って、シンプルでおしゃれなラブホテルが主流になってきていますよね。

　私が一線を退いたとき、海外のメディアでは「日本固有の文化がひとつ消えた」と報道されました。海外では、昭和に建てられた日本のラブホテルは「日本特有のアート」といった文脈で語られることがすごく多かったんです。今はファッション業界の方や不動産業界の方、いろんな人がラブホテルに参入するようになって、そうすると競争のために部屋数を増やさないといけない。だから各部屋は極力シンプルな、お金をかけないものになってしまう。結果、今はどこのホテルでも、壁の色やバスタブの大きさなんかもほとんど一緒ですよね。

――仕方がないとは思いつつ、昭和ラブホファンとしてはさみしいです。

　ラブホテルっていうのはエロスの館だから、淫靡さがないといけないんですよ。シティホテル、ビジネスホテルと違って、ラブホテルは目的がひとつしかない。だからちゃんと「ラブホテル」としてのものを作ってあげないといけないと思うんです。私はね、その点で一つ、自分が失敗したなと思っていることがあって。

――なんでしょうか？

　カラオケを入れたことです。余った時間を楽しんでもらおうと思ったんですよ。でも、そうじゃない。2時間セックスに没頭してもらえる部屋を作らなきゃいけなかったんです。

　たとえば私は、ラブホテルで食事のサービスをするのは違うと思ってるんですよ。どこか良いレストランで食事をする。食事をしながら「こうやって喜ばせよう」とか「こんな部屋に行こう」とか、ホテルへの想像を働かせる。私に言わせれば、その時間から前戯は始まってるんです。だから、その期待にちゃんと応えるものを作らないといけないと思うんです。

――今後、亜美伊さんが作ってきたような「ラブホテルらしいラブホテル」は再び生まれると思いますか？

　どうでしょうねえ。でもやっぱり、人口を国力と考えると、ラブホテルはなくてはいけないと思いますよ。ラブホテル全体を盛り上げるためには主役、つまり大目玉を食うような、メディアが寄ってくるような話題性のある部屋がないと。きれいなだけのホテルじゃ話題になりませんよね。

主役がひとつ出てくると、みんなそれを真似する。その先にまた新しいものが生まれる。私もいろんな人に真似されましたけど、うれしいことですよね。真似してくれるっていうことは、私のほうが前に行ってるっていうことだから。

――今、亜美伊さんが新しいラブホテルを建てるとしたら、どんなものを作りたいですか？

銀座に一泊200万から300万円の"江戸の隠れ宿"を作りたいですね。全6部屋か7部屋の超豪華ラブホテルで、一部屋は100坪くらいで、天井高が5、6メートルあるような。その部屋で、日本昔話から始まるような日本のいろんな文化、伝統を表現したいです。

今も「あの土地にホテルを作ってくれませんか？」と依頼が来ることはあります。そのときに私が伝えるのは、「寝かせない部屋だったら作ったる」と。超豪華で楽しくて、寝るのがもったいないと思うような部屋。そんな隠れ宿を銀座の一等地に作るのが今の夢です。

亜美伊さんがデザインを手がけた部屋（写真提供：株式会社アミー東京デザインルーム）

パステル花（p.86）

第三章

Chapter Three

ゆなな流
昭和ラブホ巡りガイド

この章では「昭和ラブホに行ってみたい」という読者の方に役立つ HowTo を紹介していきたい。ラブホの探し方や一人でも部屋を楽しむ方法、行くときの注意点など、これまで北から南まで100軒以上を訪れた経験が少しでも参考になればうれしい。

一人で行っても大丈夫なの？

ガラスの恋（p.89）

あなたの昭和ラブホデビューによせて

私はこれまでほとんどの昭和ラブホを一人で訪れている。一人で昭和ラブホに行くことに抵抗感や怖さがある人もいると思うのだが、私の場合は「どんなところなのか見てみたい！」といった好奇心が勝つ。

昭和ラブホ巡りをはじめたばかりの頃は、せっかくのラブホなのに一人で行くのは寂しいと感じることもあったが、最近はもはや一人で行ったほうが他人を気にせず取材に没頭できるので快適だと思うようになった。

一応カップルで利用することが前提の施設ではあるので、お相手がいるならカップルで行くのがいいと思うが、もしここまで読んでくれた読者の方が「一人で昭和ラブホに行ってみたい」

と思ったらどうすればいいか。参考になればと思い、この章ではわかるかぎりのすべてを書いていこうと思う。

一人宿泊NGのホテルはあるのか

まず、よく聞かれるのは「ラブホに女一人で泊まれるの？」というところだが、結論から言えばほぼ泊まれると言っていい。100軒以上を訪れてきた中で、今まで私が断られたのは2軒くらいだ。意外と少ないのである。

ちなみに断られる理由は「事件性があるのかもしれない」と不安を抱かれるから……と聞いたことがある。やや怪しまれるのは事実なので、事前にホテルに電話をして「女一人で行く」旨を伝えるとお互い安心かもしれない。

現実的なアドバイスとしては、普段使っているシャンプーやコンディショナー、化粧水を準備していったほうがよい、というところだろうか。昭和ラブホは最低限の設備しかないところが多いので、クシやドライヤーなども可能なら持っていけるとベターだ。一人で泊まる場合、部屋の鍵がかからない、窓が閉まらないなどセキュリティ面に不安があればフロントに伝えて部屋を変えてもらおう。

ザ・ウェーブ（p.104）

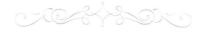

いい昭和ラブホを見つけるコツ

狙い目は「写真が少ないホテル」

昭和ラブホを探すには、「ハッピーホテル」や「カップルズ」といった大手検索サイトを使うのが手っ取り早い。ただ築年数で検索することはできないので、私の場合は県ごとに絞り込んで検索結果を全部見ていく方法をとっている。

昭和ラブホを探すコツは、できるだけ「情報が少ないホテル」を選ぶことだ。きれいな写真がついていたり、公式ウェブサイトがあって情報がしっかり載っているようなホテルは、新しいホテルかリニューアルしたホテルである可能性が高い。検索サイトで下の方にひっそりと載っている、写真が１枚もないようなホテルのほうがアツいのだ。

だから、検索結果の上のほうに出てくるホテルはささっと飛ばし、最後のほうにあるものを熱心にチェックする

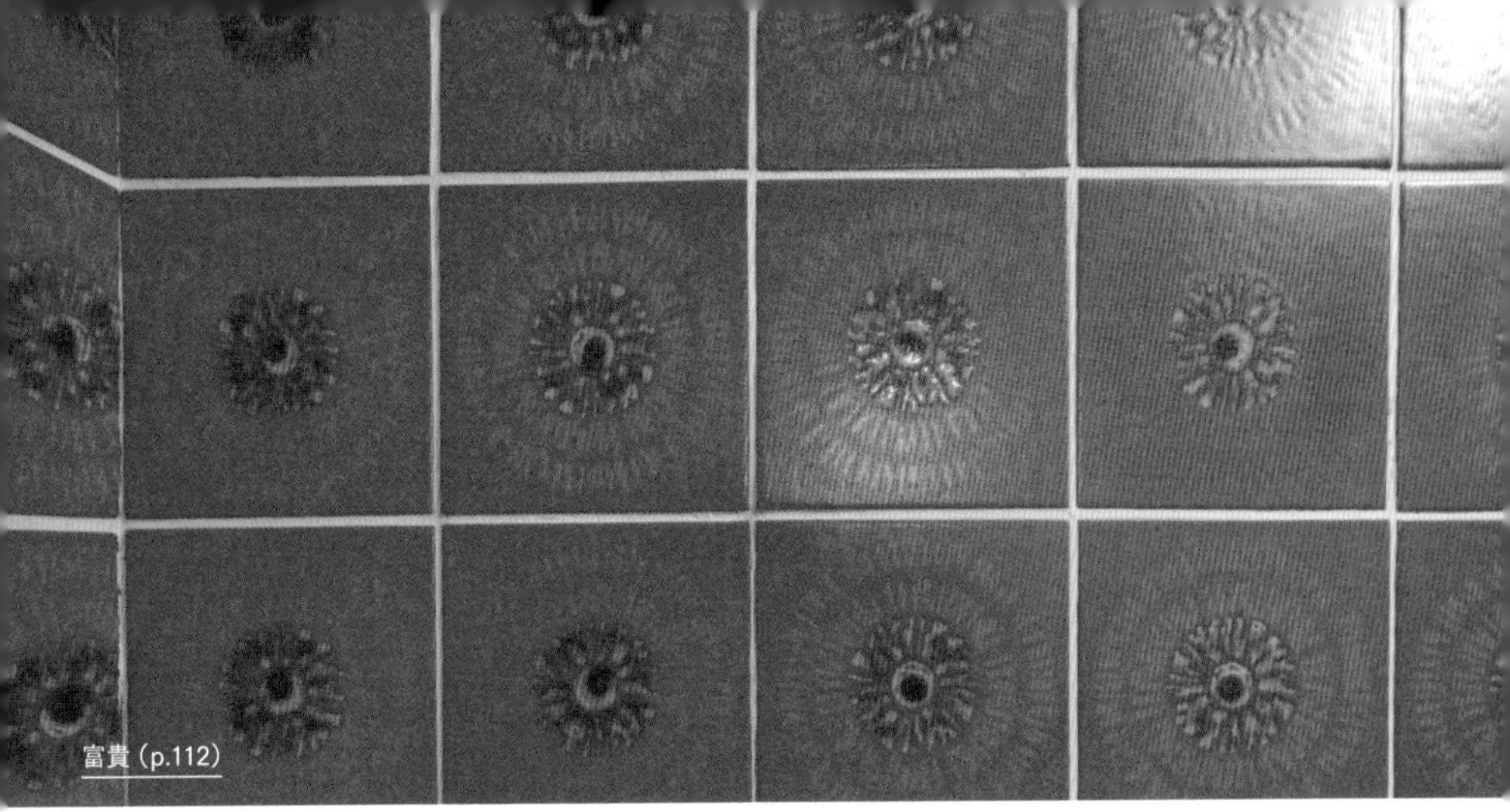

富貴（p.112）

ようにしている。昭和ラブホを探したいのであれば、部屋の写真やホテルの情報がまったくないところから攻めるのがおすすめだ。

激戦区のホテルをすすめない理由

目星をつけたら、場所を調べてみよう。駅近のホテルや高速道路のインターすぐにあるホテルは、個人的にはあまりおすすめしない。競争率が高いエリアのため、内装をきれいにリニューアルしている可能性が高いからだ。逆に駅から遠かったり、住宅街の中にひっそりとあったり、田園地帯の真ん中にぽつんと建てられていたりするホテルのほうが、異世界感を楽しめることが期待できる。

もちろん、そうやって探しても理想的な昭和ラブホに出会えるとは限らない。私もいろんな意味で忘れられないホテルに多く出会ってきた。フロントで「お風呂が使えないんですがいいですか?」と聞かれて唖然としたり、埃だらけ・カビだらけの部屋に通されたり、水道から出る水が濁っていたり……。耐えきれずに入室20分で部屋を出たこともある。でも、そんな経験も昭和ラブホ巡りの醍醐味（?）だ。

好みの昭和ラブホに出会うために、ぜひ本書のホテルカタログ（p.78）も活用してもらえたらうれしい。

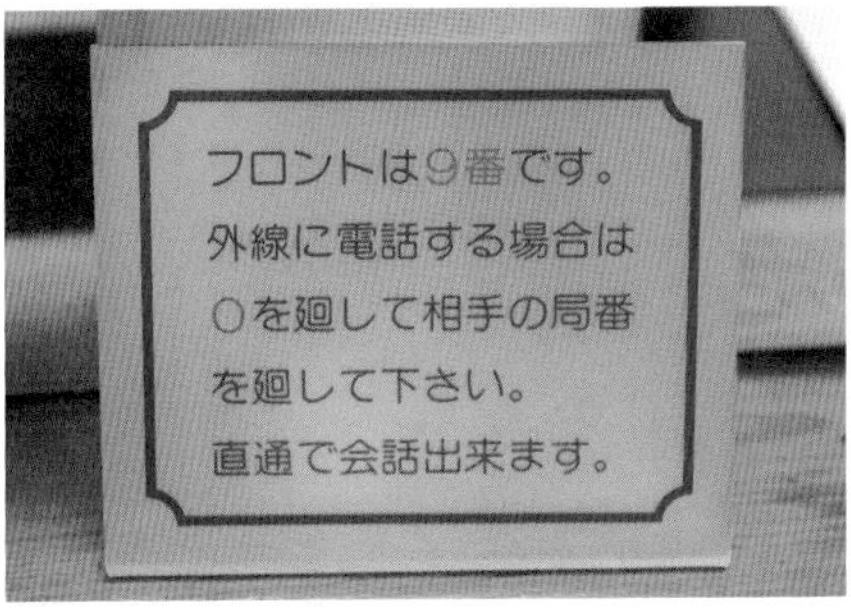

一人で部屋を満喫する方法

我を忘れて世界観に浸るのが吉

一人でラブホに行って何をするんですか？と疑問に思う人もいるかもしれない。が、私は寝る時間もないほどに隅々まで部屋を観察したり、写真を撮ったり、室内の設備を楽しんだりと毎度忙しい。

具体的には、まず回転ベッドに寝転がり、スイッチを片っ端から押してみる。右回り、左回り……一通り試してそれぞれの動きを動画におさめる。ウォータースライダーや回転木馬といったアトラクションも一通りやってみる。

一人でウォータースライダーを何度も滑っている様子は、側から見たらきっとかなりシュールだろう。「何やってんだ」と思われるかもしれないが、これがかなり楽しい。ちゃんとお金を払って泊まるなら、全部楽しまないともったいない！　と私は思う。

写真撮影の楽しみも

それから、趣味でセルフポートレートを撮ることにしている。その部屋の雰囲気に合いそうな服を事前に用意して持っていき、着替えて室内のさまざまな場所で一人撮影会をするのだ。他の人のケースだと、友人同士でコスプレの撮影会をしたり、フランス人形を持って行って部屋で写真を撮ったりという楽しみ方も聞いたことがある。

みなさんもぜひ、自分流の楽しみ方を見つけてほしい。他人を気にせず、自由気ままに心ゆくまで楽しめるのが一人でラブホに行く最大のメリットだ。

ただ、注意点としてお伝えしておきたいのは、外観や廊下の写真を撮るときは周りにも配慮するのが大前提ということ。ホテルの方に撮影の可否を確認するのはもちろん、人のいないときを見計らって撮る、車のナンバーが写り込まないようにするなど、最低限のマナーを守って楽しんでほしい。

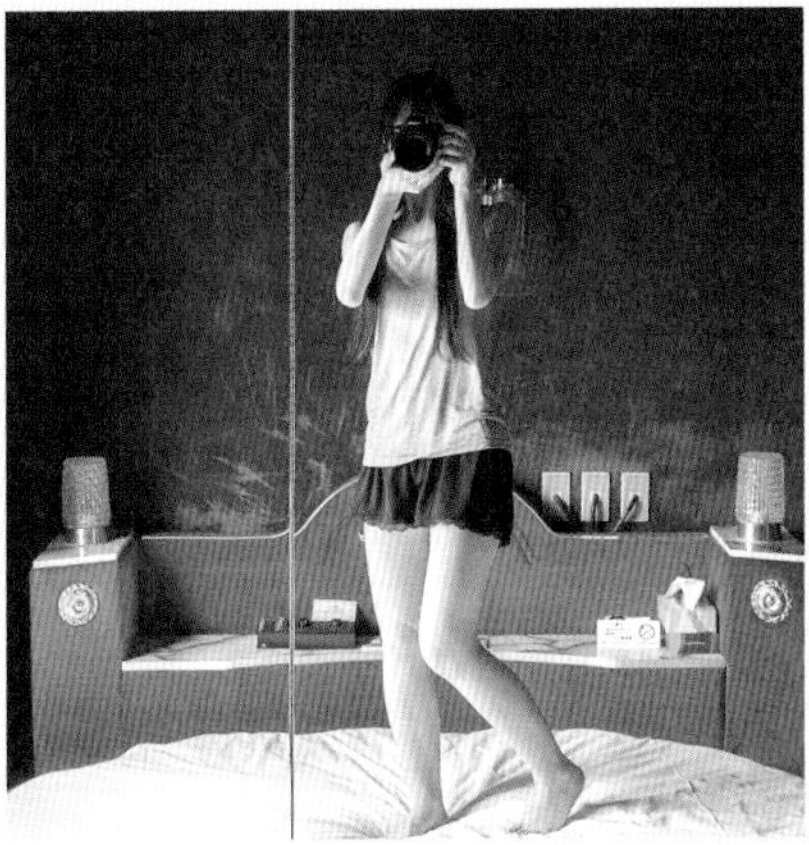

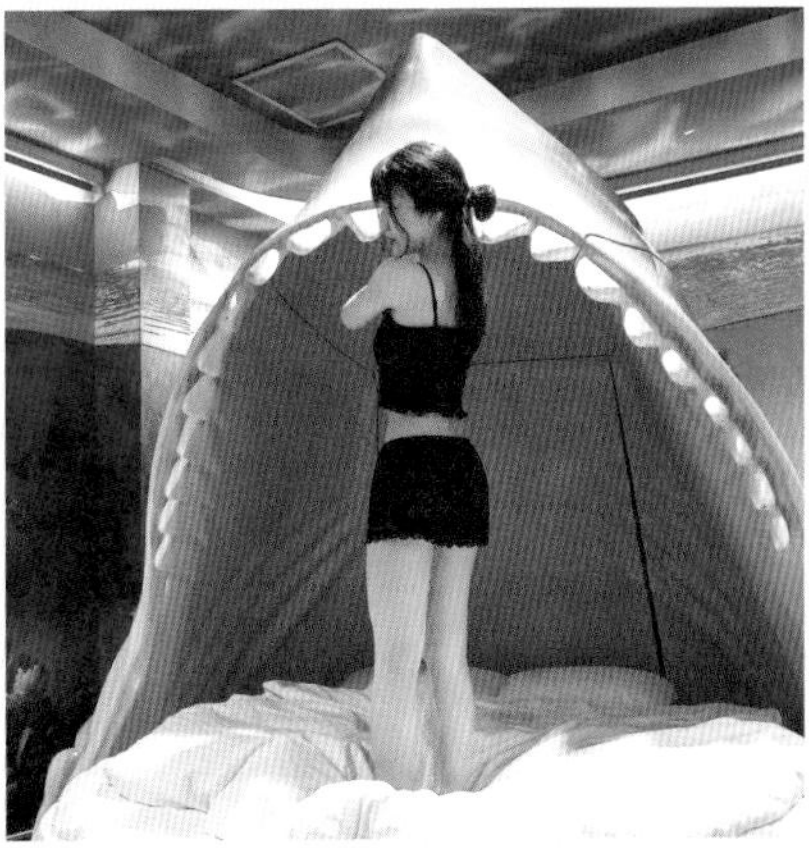

ラブホ巡りの失敗談

不安なときはフロントに確認を

この本を読んでくださった方が同じ轍を踏まないように、ここでは昭和ラブホでの失敗談を語っていきたい。

軽めの失敗として一番よくあるのは、パネルの写真と実際の部屋が全然違った……ということだろう。パネルでは広くきれいに見えるケースもあるし、リニューアルされてまったく違う内装になっていることもある。パネルではいい感じの昭和なお部屋なのに、実際に入るとビジネスホテルのような簡素な部屋……これはかなりショックだ。

シビアなのはお風呂関係。設備が古いためなかなかお湯が出ず、お風呂に入るのに30分以上かかったこともある。部屋のお風呂がちゃんと使えるか、お湯が出るかは、部屋に入る前に念のためフロントで確認してもいいかもしれない。

長く険しい僻地ラブホへの道

アクセスにまつわる失敗談もいろいろだ。たとえば「本当にこの道で合ってる……？」と不安になるような林道を歩くことになり、かなり心細い思いをしたことがある。地図では近そうに見えたのに意外と最寄駅からの道が険しく、ラブホを目指して2時間ほど歩いたこともある。

最寄駅からタクシーに乗り「XXホテルまで」と運転手さんに伝えると、「そこがどういうホテルかご存知ですか」と心配されたこともある。近くの建物の名前を言えばよかった。

周辺環境系だと、ルームサービスが一切ないホテルで、周りにコンビニがひとつもないのもきつかった。何か買ってい

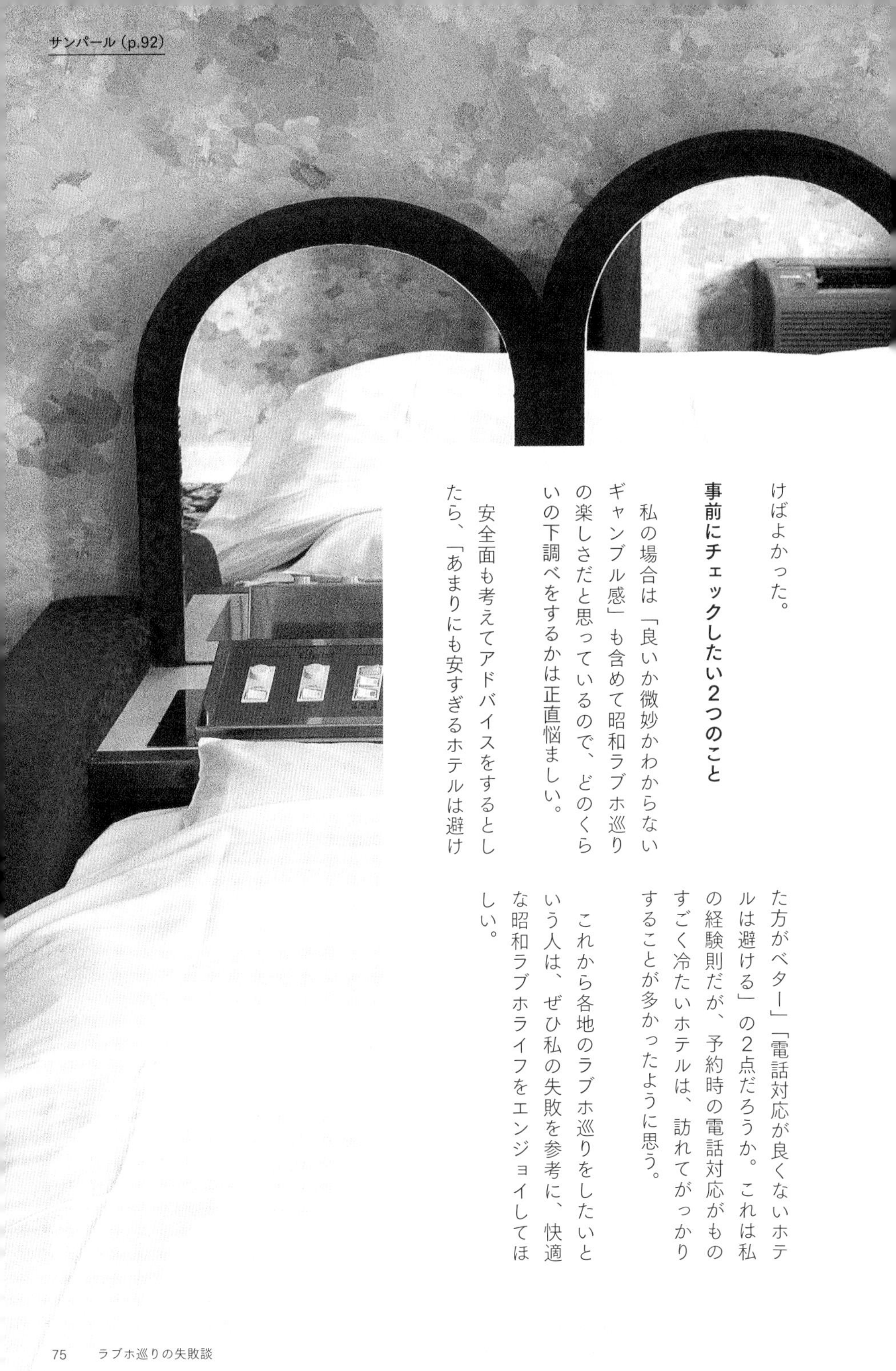

サンパール（p.92）

けばよかった。

事前にチェックしたい2つのこと

私の場合は「良いか微妙かわからないギャンブル感」も含めて昭和ラブホ巡りの楽しさだと思っているので、どのくらいの下調べをするかは正直悩ましい。

安全面も考えてアドバイスをするとしたら、「あまりにも安すぎるホテルは避けた方がベター」「電話対応が良くないホテルは避ける」の2点だろうか。これは私の経験則だが、予約時の電話対応がものすごく冷たいホテルは、訪れてがっかりすることが多かったように思う。

これから各地のラブホ巡りをしたいという人は、ぜひ私の失敗を参考に、快適な昭和ラブホライフをエンジョイしてほしい。

ラブホ巡りで育まれたあたたかい関係

これまで私が昭和ラブホ巡りを続けてこられたのは、「奇想天外な部屋に出会いたい！」「あのホテルに行ってみたい！」という好奇心や情熱があったからというのはもちろんだが、それ以上に、昭和ラブホ巡りを通じて出会った日本各地の方々のおかげでもある。

一人で昭和ラブホに行く女は、やっぱりめずらしい。オーナーや従業員の方に「一人で来たの？物好きな人もいるもんだね」と驚かれることも多々ある。それでも、会話をしているとラブホ愛が伝わるのか打ち解けてくださる方ばかり。最終的には「また来るときは連絡してね！」と言ってくれて、遠方の親戚のような関係を築けることもある。

予約の電話をするとオーナーの奥様がフロントで待っていてくれて、施設を丁寧に案内してくれたこともあった。「よく来てくれたね」とドリンクをサービスしてくれたり、私が昭和レトロ好きなことを知ったオーナーが、昔から営業を続けている近所の純喫茶に連れていってくれて一緒に食事をしたこともあった。

今、活動を通じて出会ってきた人たちの顔を思い浮かべると、本当に昭和ラブホ巡りを続けてきてよかったと思う。

みなさん、本当にありがとうございました。そしてこれからもよろしくお願いします。

ガラスの恋（p.89）

第四章
Chapter Four

厳選23軒

全国
昭和ラブホテル
カタログ

この章では、これまで訪れたホテルの中から筆者がおすすめしたい23軒を紹介する。「昭和ラブホ」のひとことではまとめられない各ホテルの個性をぜひ感じてほしい。

HOTEL GREEN

ホテル グリーン

北　海　道

Love HOTEL 1

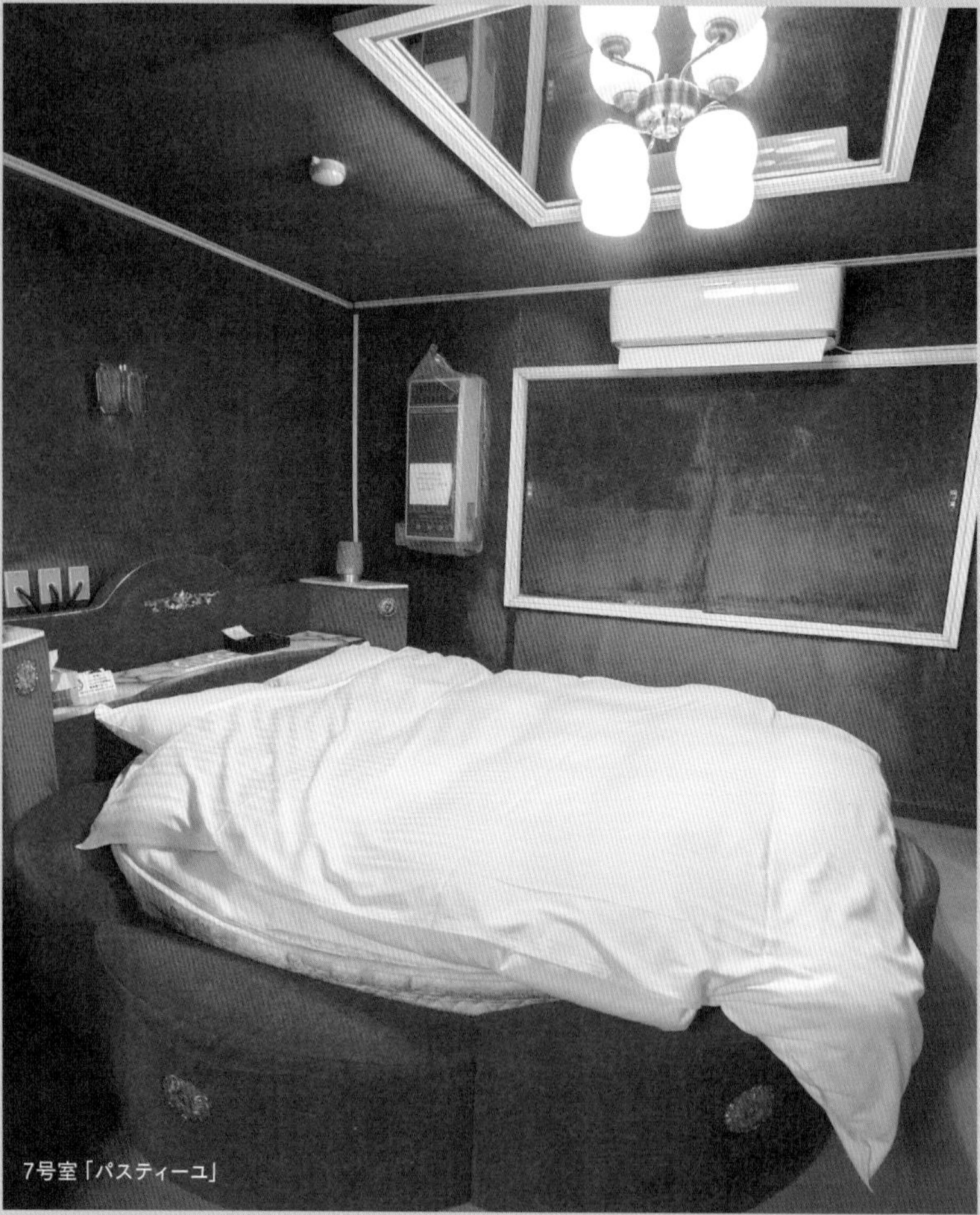

7号室「パスティーユ」

田んぼの中にぽつり
そんなロケーションもたまらない！

♥7号室「パスティーユ」に宿泊した朝、
部屋の窓を開けるとこんな風景が広がっていて感動した

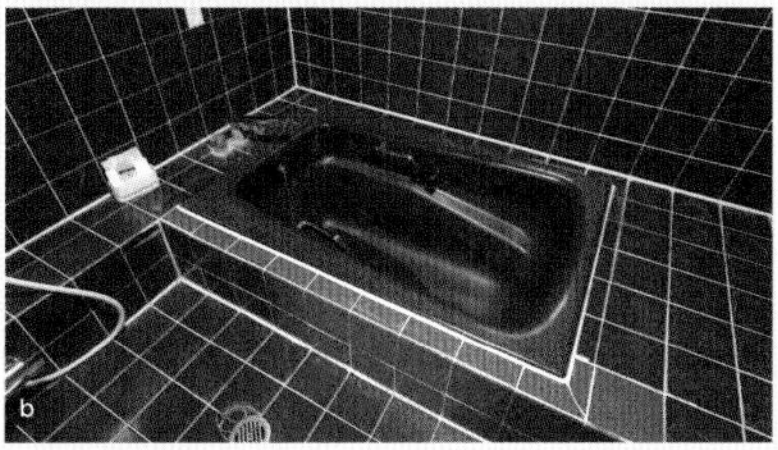

a. 7号室「パスティーユ」 b. 3号室「鶴園殿」 c. 8号室「シャンボール」 d. 7号室「パスティーユ」

北の大地で長年営業を続けている「ホテル グリーン」。花びらのような真っ赤なベッドに青い円形ベッド、和風の部屋など、バラエティ豊かな内装が楽しいホテルだ。各部屋には「シャンボール」「ルーアン」「鶴園殿」といったユニークな名前がついていて、どんな内装なのか想像を膨らませながら部屋を選ぶ時間が昭和ラブホめぐりの醍醐味を感じさせてくれる。

ちなみにここで清掃を担当している従業員の方曰く、「20年くらい前から内装はこのまんま！」とのこと。シンプルな内装にリニューアルする昭和ラブホも増えている中、この内装を令和になった今でも保ってくれていることに感謝の気持ちしかない。

さらに、このホテルの特筆すべき点は部屋からの景色。窓を開けると、田んぼが一面に広がっているのだ。なんともエモすぎる光景……ラブホの周りに田んぼというギャップもたまらない。

この光景からお察しの通り、札幌からもかなりの距離がある。最寄りである名寄駅直通のバスに乗って向かったが、なんと片道約3時間。札幌からの往復だけで6時間はかかる。北海道まで向かう時間も考えるとかなりの距離だが、それだけ時間がかかっても行く価値のある、筆者一押しのラブホである。

ホテル グリーン

〒096-0063 北海道名寄市緑丘 117
☎ 01654-3-5900
https://yamaichi-hotels.com/

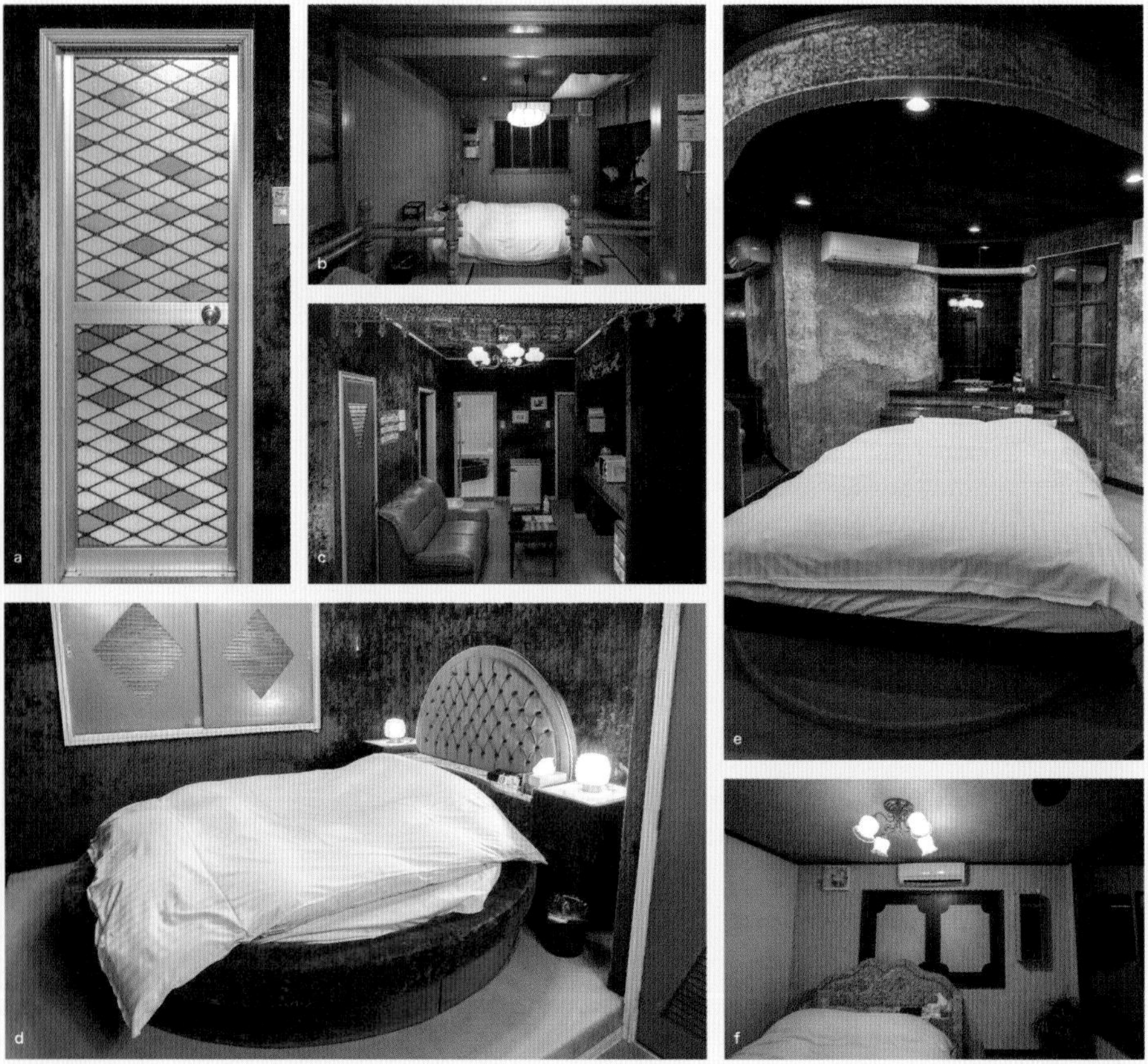

a. 5号室「ルーアン」 b. 3号室「鶴園殿」 c-d. 5号室「ルーアン」
e. 2号室「ヴェルサイユ」 f. 1号室「ロアンヌ」

Love HOTEL 2

HOTEL NAPOLEON

ホテル ナポレオン

青 森 県

7号室「ナポレオン」

「ゴージャス」「すごい」を通り越して、もはや芸術
奇跡のようなベッドたちは一見の価値あり

「美しい」という言葉が良く似合う昭和ラブホ。それが、東北の地に立つ「ホテルナポレオン」。昭和ラブホを代表する設備である回転ベッドに馬車ベッド、貝殻ベッドがある。ひとつのホテルにこれらのベッドが集結しているのは非常に稀。私は長年このホテルに憧れていて、初めて訪れたときは「念願のナポレオンに身を置いているなんて……」と感動のあまり鳥肌が立ったのを覚えている。

私が特におすすめしたい部屋は、回転ベッドのある「ルイ13世」、貝殻ベッドの「エマニエル」、そして宮殿のような馬車ベッドがある「ナポレオン」。この3部屋はゴージャス！　すごい！　を通り越して、もはや芸術的とも呼べる美しさを感じる。内装は昔からほとんど変わっていないそうだが、部屋はとても清潔で、設備も昭和の匂いを存分に残したまままきれいに保たれている。

「この3部屋は値段が高く、他の部屋に

♥ ボタンで開閉できるカーテン。
開けると鏡が出現！
あなたはどっちのパターンが好き？

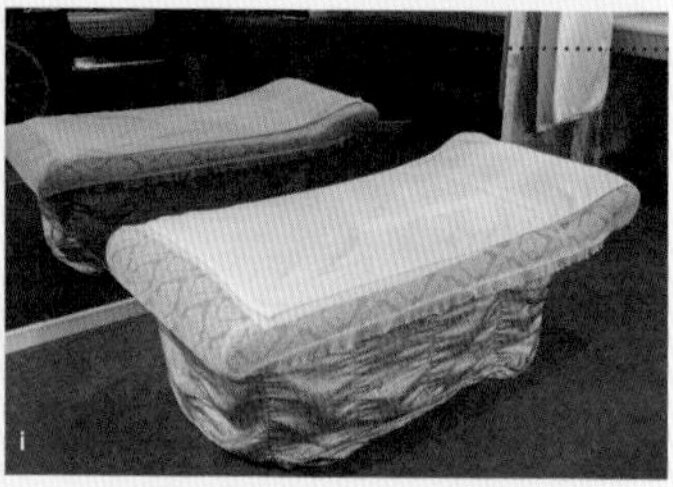

i

j

♥ スプリングが効いていて上下左右にゆらゆら動く、
「モンローシーソー」という名の小さなベッド。
使い方説明のイラストのインパクトがすごい。

a. 6号室「ルイ13世」
b. 8号室「エマニエル」
c. 7号室「ナポレオン」
d. 7号室「ナポレオン」
e. 8号室「エマニエル」
f. 7号室「ナポレオン」
g-h. 6号室「ルイ13世」
i-j. 7号室「ナポレオン」

比べて入室する人が少ない。使用頻度が低いから部屋もきれいに保てるのではないか。豪華な部屋だからみんな丁寧に扱ってくれる」とおっしゃっていたのはここの管理者である吉田さん。せっかくナポレオンを訪れたら、この3部屋のどれかにぜひ入室してほしい。どうかこのまま、この空間が永遠に守り続けられますように。

ホテル ナポレオン

〒039-2152 青森県上北郡おいらせ町向山東 3-2864
☎ 0178-56-2596
http://www.napoleon1.jp

a

b

c

e

d

f

HOTEL BASTEL HANA

ホテル バステル花

福 島 県

Love HOTEL 3

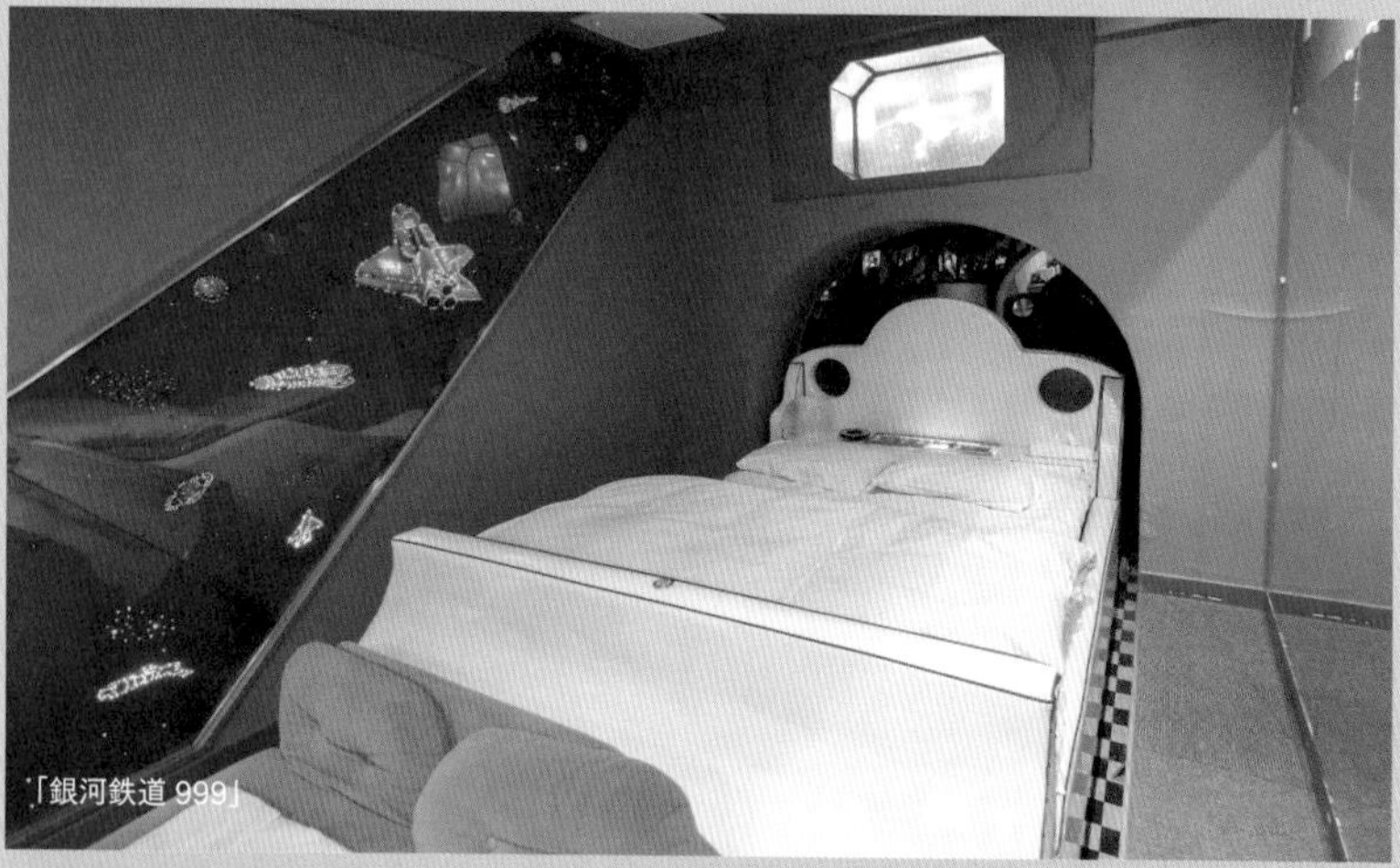

「銀河鉄道 999」

「銀河鉄道 999」

ベッドが前進して宇宙空間へ
オーナーの遊び心に拍手！

♥ ベッドが移動するレールは、
なんと木製！

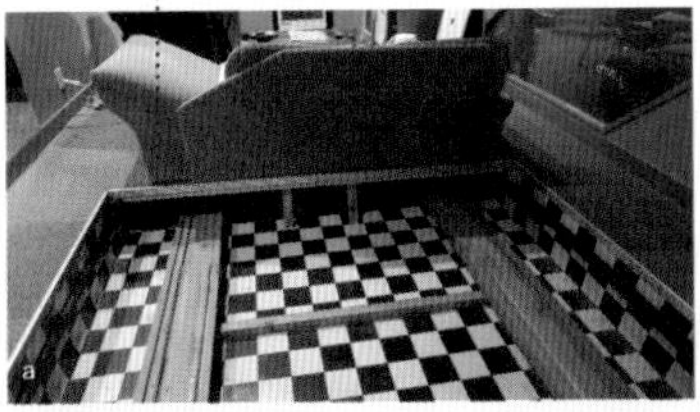

a

b

♥ 部屋にはレトロなドライヤーが。
残念ながら今は動かなくなっていた

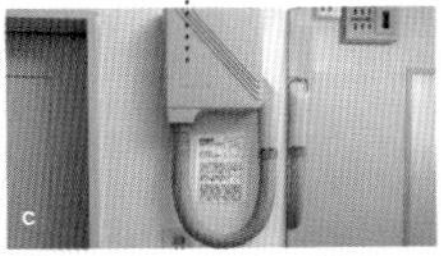

c

d

e

f

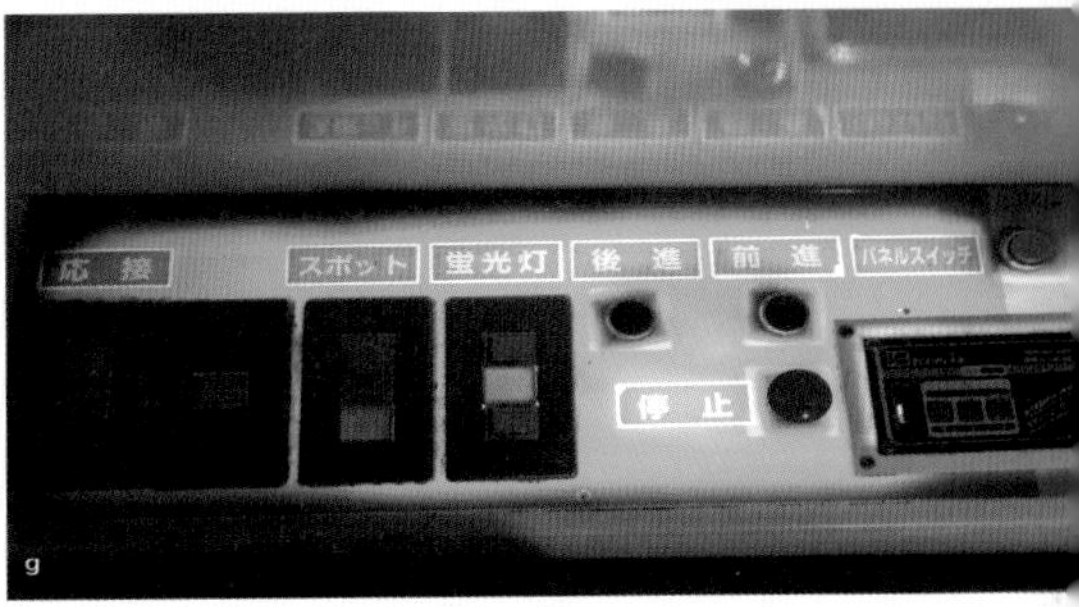

g

a-g.「銀河鉄道 999」

約40年前、元は別の名前のラブホテルだった建物を現オーナーが買い取って誕生した「バステル花」。内装もオーナーが手がけている。

オーナーは東北を中心にさまざまなラブホテルの内装を担当した実績があるそうだが、維持管理が難しいという理由で手がけたホテルは続々と閉店し、現在残っているのは「バステル花」のみ。もともとは全10部屋だったが道路拡張工事の影響で数部屋取り壊されてしまい、現在は全7部屋になっている。

このホテルの一番の目玉は「銀河鉄道999」の部屋。ボタンを押すとベッドが前進し、鏡張りの宇宙空間へ突入するという、なんともロマンチックな部屋だ。オーナー曰く「ラブホはこれくらいの遊び心を持つべき！」とのこと。私もこの意見に大賛成！

このような遊び心あるデザインはどのように思いつくのか聞いてみると「若い頃の僕にとって、女性は今よりもっと神秘的な存在だった。そのときの想いが内装に反映されている」との答えが返ってきた。それと同時に「私がオーナーを辞めたら、バステル花を取り壊すことになる」と悲しい内情を聞き、心が痛んだ。オーナーは1939年生まれ。今も変わらずラブホ愛が溢れている人だ。オーナーが元気なうちにぜひここを訪ねてほしい。

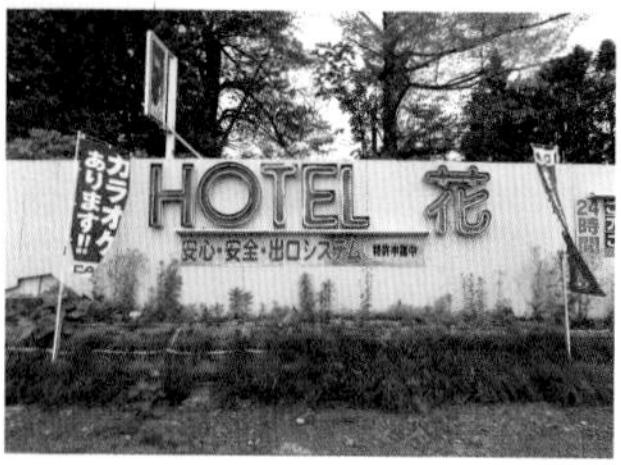

ホテル バステル花

〒969-0401 福島県岩瀬郡鏡石町境 172
☎ 0248-62-2619

♥ 豪華和室！凝ったデザインの格子天井も見どころ

♥ ピンクの照明が妖艶な雰囲気

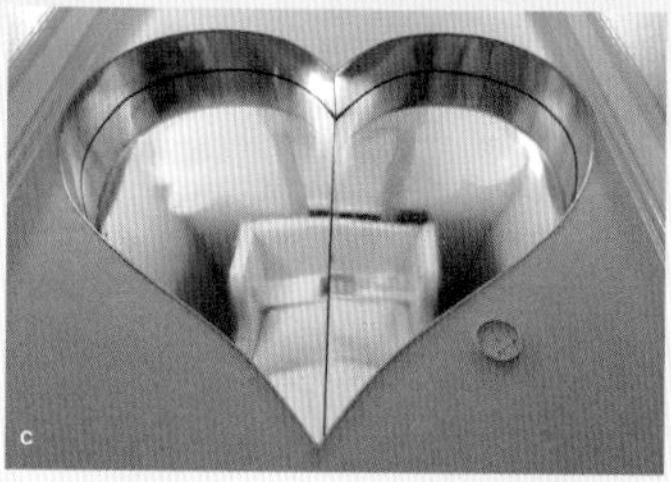

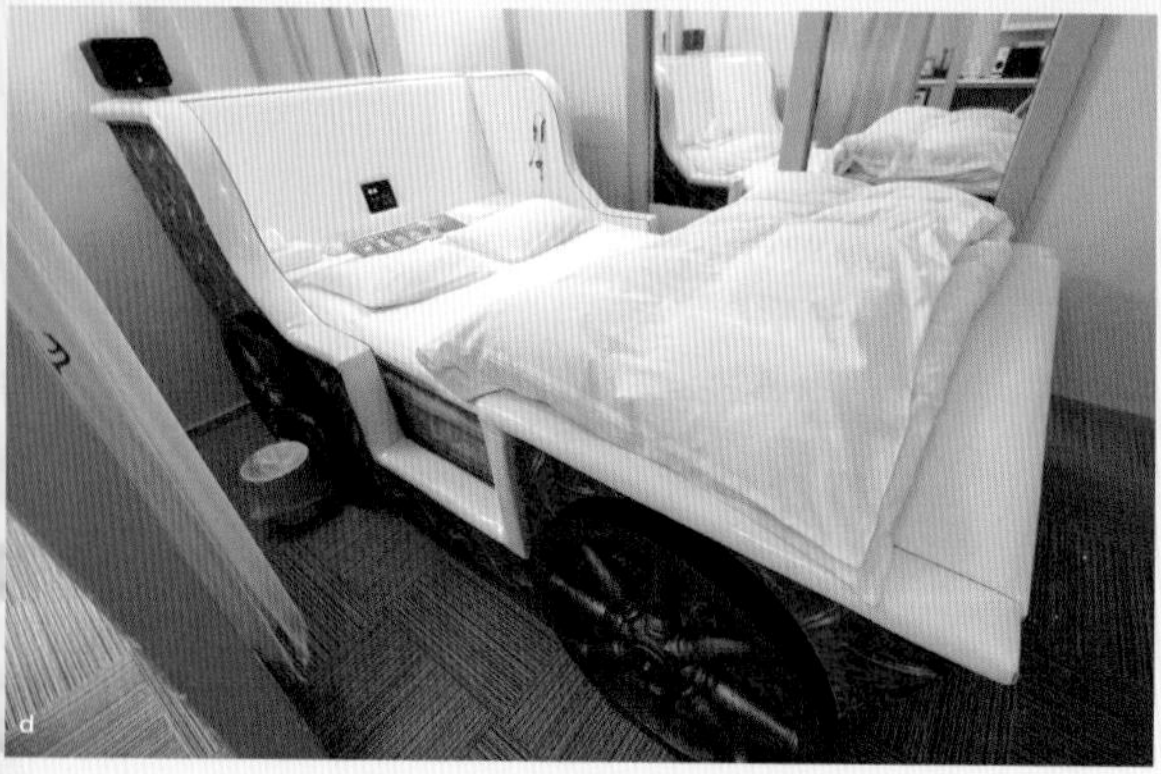

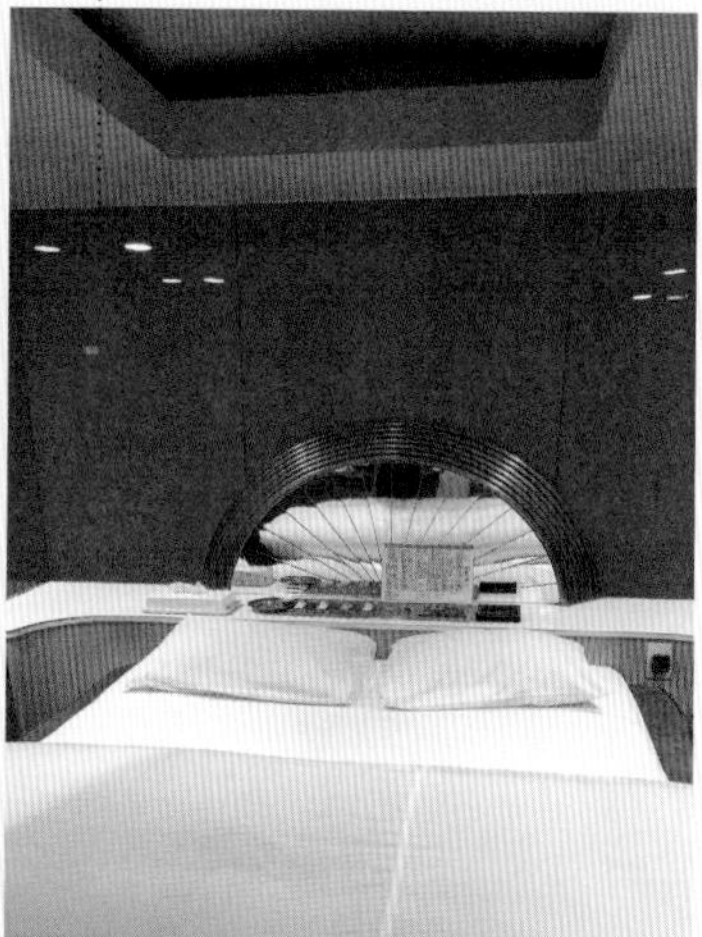

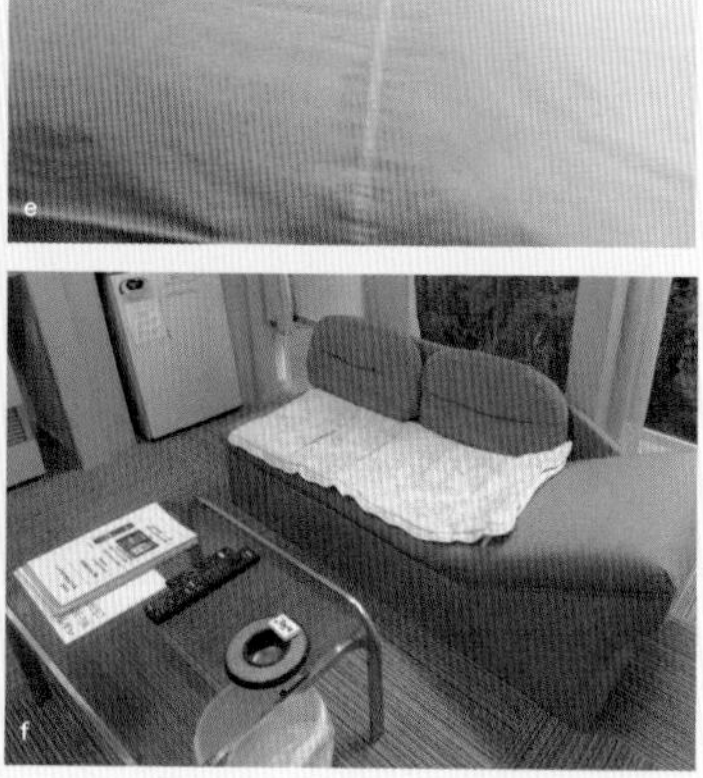

a-b.「平安」 c-d.「ベルサイユ」 e.「クリスタル」 f.「ベルサイユ」

Love HOTEL 4

HOTEL GLASS NO KOI

ホテル ガラスの恋

栃木県

11号室

オーナーの愛とこだわりが詰まった
唯一無二のメルヘン空間

栃木県宇都宮市、のどかな住宅街にいきなりド派手な外観のラブホテルが出現する。創業は1985年。「ガラスの恋」という屋号は、オーナーがずいぶん昔に歌を唄っていた頃のデビュー曲のタイトルだそうだ。

創業当時の外壁は真っ白。城壁のような壁は深い緑色で、ありとあらゆる所が電飾だらけだったという。その後すべて取り外してから、自由の女神や飛行機を設置するに至ったようだ。海のない栃木県なのに、外壁にクジラやタコなどの海の生物が描かれているのはなぜ……？と疑問に思っていたが、もともとオーナーが海好きで、「海のない県だからこそ」と絵描きにオーダーして海の仲間たちを描いてもらったのだという。

気になる内装はというと、車の形をしたポップな色合いのベッドや船の形をしたベッドなどさまざま。外観からの期待を裏切らず、内装もかわいい。ときどき

e

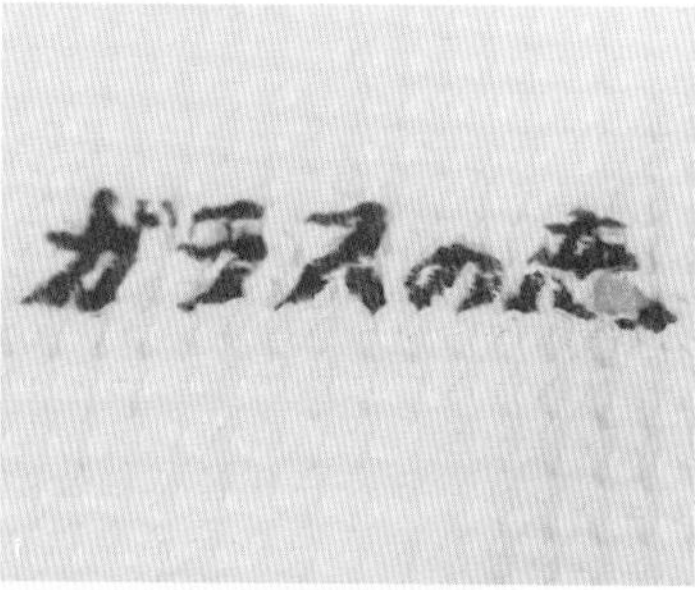

i

j

f

g

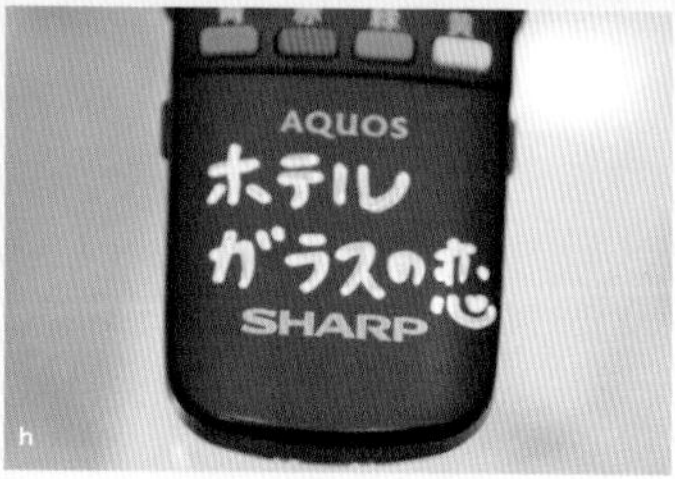

h

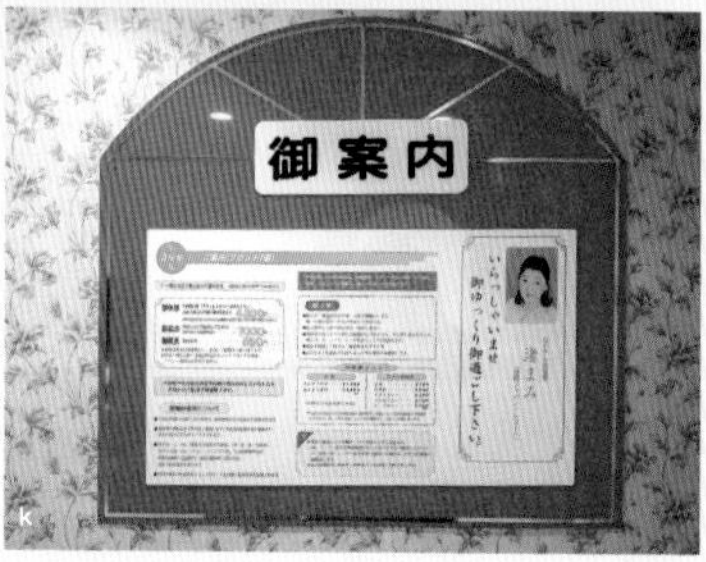

k

プチリニューアルを重ねているようだ。敷地内にはトラック等の大型車を停めるスペースもある。オーナーの愛とこだわりを感じられる、素敵なエピソードがつまったホテルだ。

ホテル ガラスの恋

〒320-0075 栃木県宇都宮市宝木本町 2086-19
☎ 028-665-1178

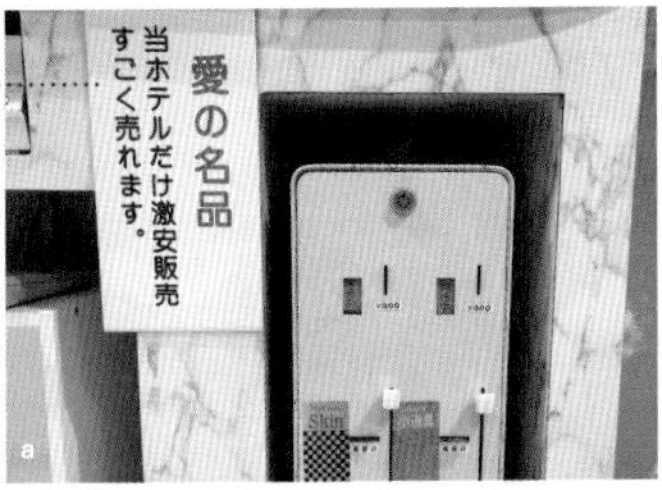

a

♥ コンドーム自販機が設置されていた。「すごく売れます」と書いてあると買いたくなるのはなぜだろう

b

c

♥ 見た瞬間にテンションが上がったベッド。ナンバープレートまでついているところにこだわりを感じる。この数字にはなにか意味があるのだろうか

d

a. 6号室
b. 3号室
c. 外壁
d. 3号室
e. 6号室
f. 3号室
g. 11号室
h. テレビのリモコン
i. 刺繍入りバスローブ
j. 外観
k. 3号室

HOTEL SUNPEARL

ホテル サンパール

埼 玉 県

Love HOTEL 5

409号室

人気観光地・川越の裏名物、
ロールスロイスベッドで夢の世界へドライブ

♥旅館のような和風の部屋も

♥サンパールの名物ロールスロイスベッドは、ナンバープレートもタイヤも本格的。昭和ラブホの本気を感じる

♥豪華なシャンデリアが吊るされたフロントは、まるで高級ホテルのよう

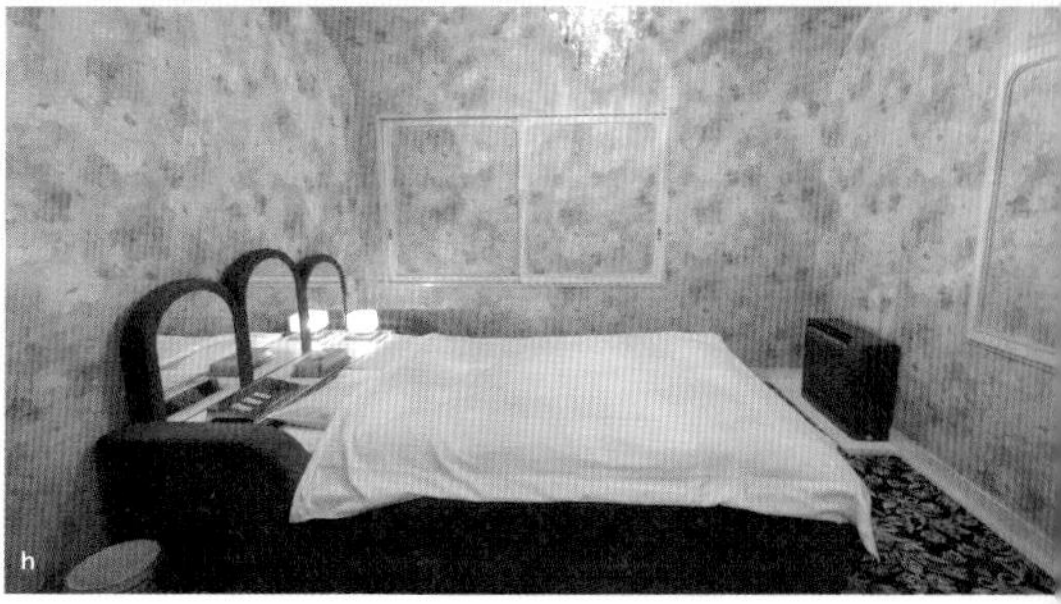

a-b. 408号室　c-e. 409号室　f-g. フロント　h. 407号室

江戸時代の情緒溢れる街並みが人気の観光地、川越にある「ホテルサンパール」。全30室のバラエティ豊かな昭和レトロ部屋が現存している。

一番の人気はロールスロイス部屋。ベッドがあの高級車、ロールスロイスの形をしているのだ。車のライトもしっかり点灯し、タイヤはゴム製でかなり本格的。ナンバープレートまでついている。この他にも、丸い鏡のついた円形ベッドや、変わった形の鏡がついたベッドなど、どの部屋に入っても見どころ満載。

部屋以外での私のお気に入りは5階の廊下。エレベーターを降りると、赤、緑、白の豆電球がチカチカ点滅していて、それが鏡張りに反射し、まるで夢の中にいるかのようなロマンチックな気分にさせてくれる。各階によって廊下のデザインも違うので注目してほしい。

川越で祭りやイベントがあると、自ずと利用客も増えるとのこと。観光帰りに気軽に立ち寄れるのもうれしい。

ホテル サンパール

〒350-0032 埼玉県川越市大仙波 357-2
☎ 049-222-5211
https://kawagoe.p-door.com

♥ 海の生き物の壁紙がかわいい

♥ エアシューターは廃止され、フロント会計になっている

♥ 利用時間と料金が表示される便利なモニター。今はもう使われていない

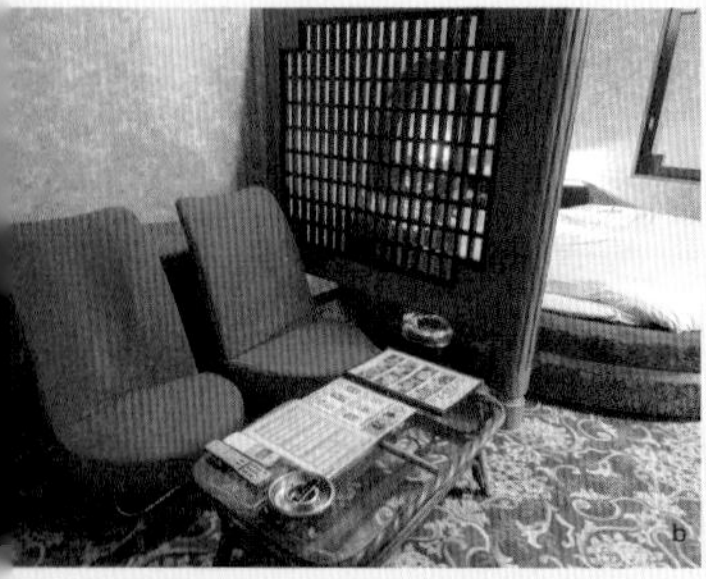

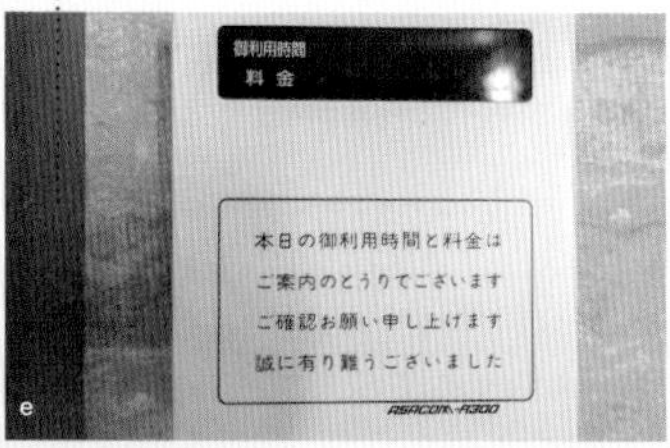

a. 201号室　b. 308号室　c. ホテルのロゴマーク　d. 202号室　e. 302号室　f-g. 202号室

Love HOTEL 6

HOTEL UFO

ホテルUFO

千葉県

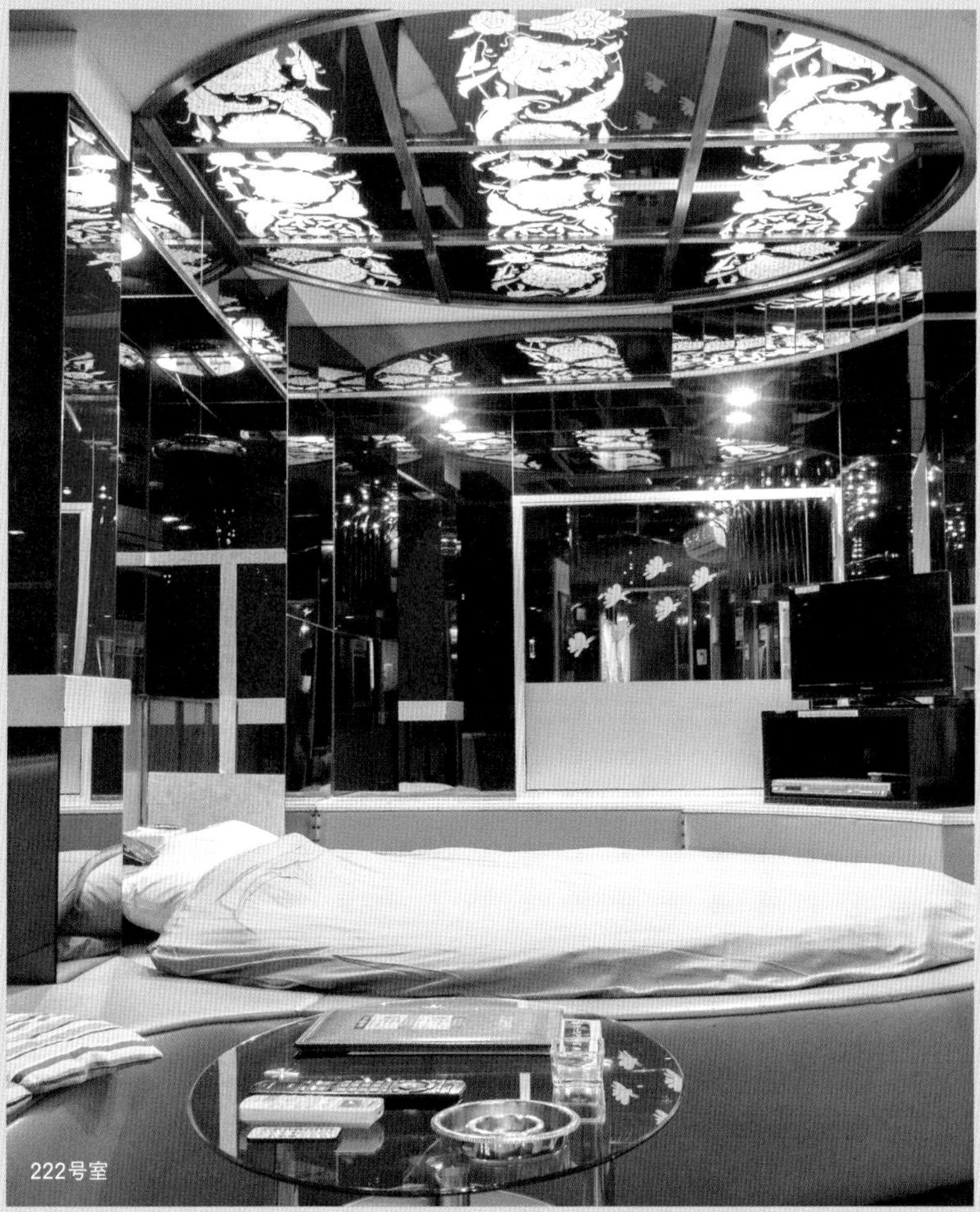

222号室

現役のエアシューターはレア度高し
幕張のシンボル、UFO型のラブホテル

名前の通り、UFOの形をしているホテル。誰もが二度見せずにはいられないインパクトのある外観で、この地域のシンボル的な存在だ。子どもの頃、このUFOを見て「行ってみたい!」と両親におねだりし、困らせた経験がある人もいるはず……。夜はライトアップされ、まるで異世界への入り口のように見える。

開業は1985年。なぜUFOの形状を採用するに至ったか、理由は分かっていないようだが、ピンク・レディーの名曲『UFO』や喫茶店などに置かれたゲーム機『スペースインベーダー』が流行した年代が創業と近いこともあり、創業者が企画時にその影響を大きく受けたのではないか、というのが有力な説のようだ。長年勤務していたスタッフによると、20年ほど前は実際にプレイできる『スペースインベーダー』を客室のテーブルとして使用していたとのこと。

♥ 近未来感溢れる208号室

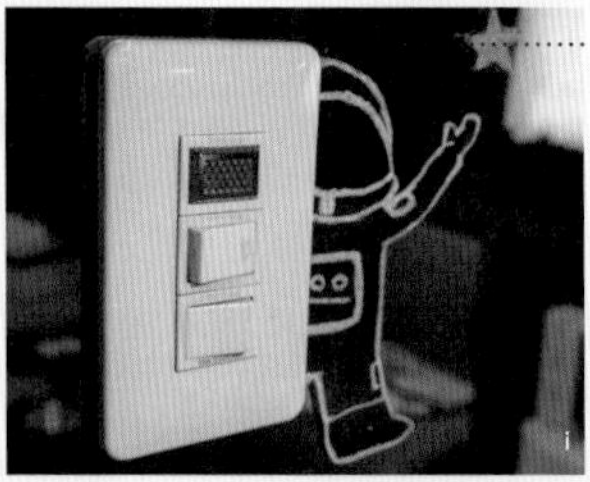

♥ 手書きの宇宙飛行士。こういう遊び心にときめく

a. 203号室
b. 102号室
c. 202号室
d. 217号室
e. 102号室
f. 222号室
g. 208号室
h. 203号室
i. 101号室
j. 203号室

また、ここで心ときめく設備が「エアシューター」！　現金をプラスチックの筒に入れてボタンを押すと、バックヤードに筒がそのまま送られるというシステムだ。エアシューターが現役で稼働しているホテルはかなりレア。ここにお金を入れてボタンを押す瞬間はとんでもなくワクワクする。

ホテル UFO

〒 262-0033 千葉県千葉市花見川区幕張本郷 1-34-21
☎ 043-275-2611

♥ 信号機のようなプロジェクター。
今はもう使われていない

♥ 今でも稼働している
エアシューター

a

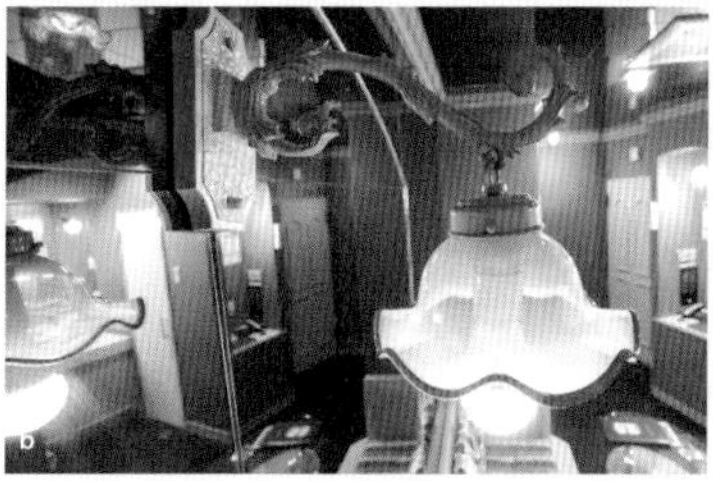
b

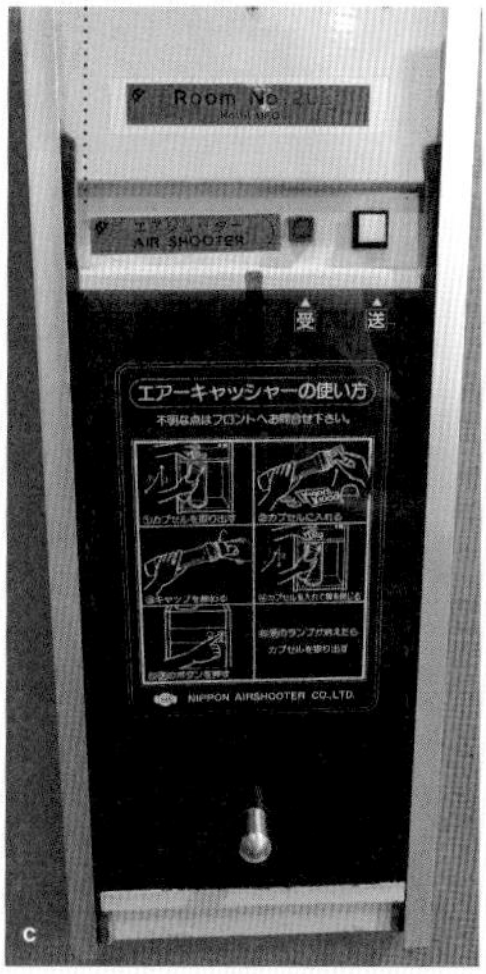

c

e

d

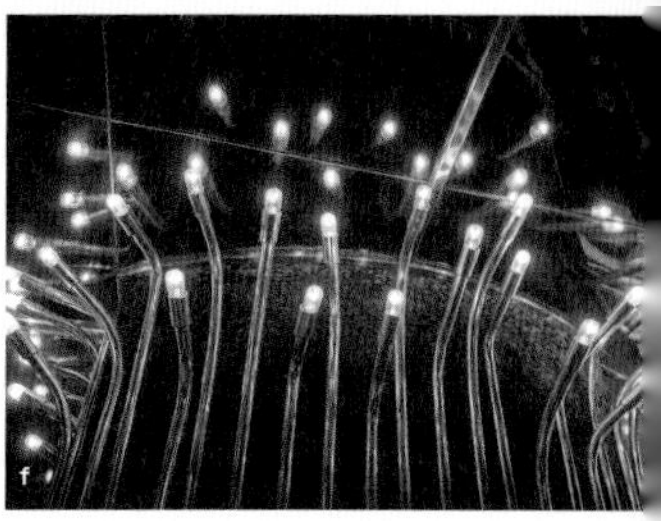
f

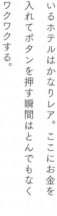

HOTEL FAMY

ホテル ファミー

千 葉 県

Love HOTEL 7

702号室

インスタグラマー、コスプレイヤーにも大人気
一切妥協のないゴージャスな空間

♥ 大河ドラマのセットのような７０１号室。ベッドではなく敷布団なのが新鮮

♥ 照明ひとつとっても手が込んでいる

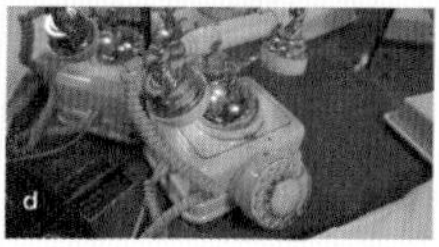

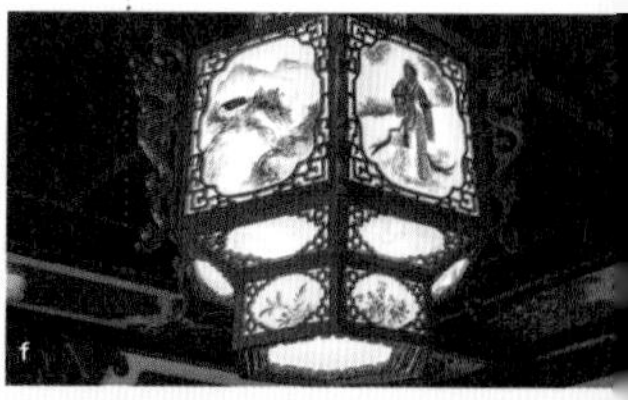

a-b. 701号室　c. 702号室　d. 703号室　e. 704号室　f. 702号室　g-h. 704号室

千葉のＪＲ幕張本郷駅を降り、徒歩で約10分。まず目に飛び込んでくるのは、シンデレラ城のようなゴージャスな外観。あまりの立派さに感嘆の声を上げる人も少なくないだろう。建設する際に数億円かけて石垣を船で運んで作ったと聞いて驚いたが、それも納得の重厚感溢れる建築だ。

このホテル、すごいのは外観だけでない。最上階である7階は一切妥協のないゴージャスさに溢れた空間になっていて、先代の代表が内装作りにも関わっていたとのこと。創立年は不明だが、客室で使用できるWi-Fiのパスワードに「1976」という数字が含まれていたため「もしや1976年創業?」と妄想を巡らせてしまう。

数々のドラマや映画、コスプレ撮影などのロケ地としても使われる「ファミー」。

現在インスタグラマーやコスプレイヤー向けの撮影プランも用意されている。カップルでの利用はもちろん、日常生活ではなかなか出会えない華やかな空間に思う存分浸って撮影を楽しむプランもぜひ利用してほしい。

ホテル ファミー

〒 969-0401 千葉県千葉市花見川区幕張本郷 1-33-22
☎ 043-271-5711
https://hotel-famy.com

♥ 目が覚めて最初に目に入るのが
この天井だなんて、最高の一言

♥ 白い柱の奥にベッドが見える。
姫の気分を味わえる704号室

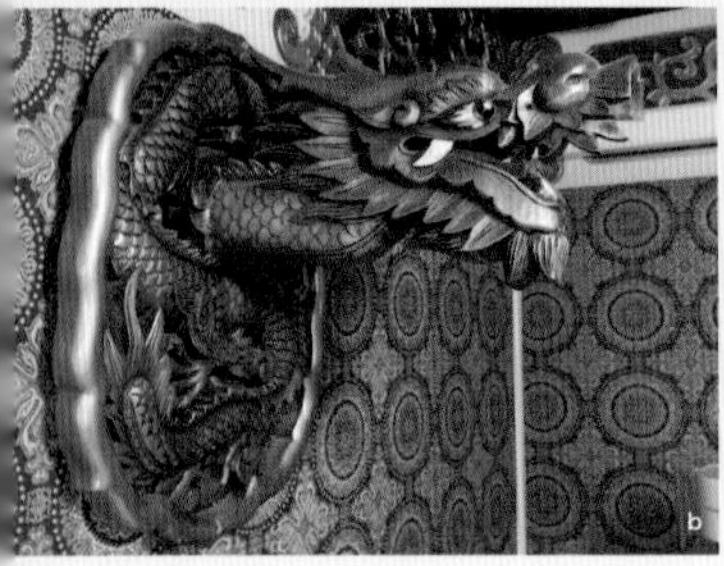

a. 703号室　b. 702号室　c. 704号室　d. 701号室　e-f. 705号室

Love HOTEL 8

HOTEL BRUGGE

ホテルブルージュ

千　葉　県

ロビー

総工費36億円
一歩足を踏み入れたら、そこはヨーロッパの宮殿

総工費36億円をかけて1989年に創業した「ホテルブルージュ」。外観もロビーもまるでヨーロッパの宮殿のようで、まさに異世界。「ここは本当に日本……？」という気分にさせてくれる。イタリアから職人を呼び、内装の施工をしてもらったという力の入れよう。ロビーにあるソファは約1000万円だそうだ。

気になる客室はというと、これまたヨーロッパの宮殿にタイムスリップしたかのようなゴージャスさ。ドラマや映画撮影のロケ地としても大人気で、コスプレ撮影のために女性同士で来る客も多いそう。

そんな話を聞くと、カップルでの利用以外にも客層や用途が多様化していることがわかり、昭和ラブホを残したい勢としてとてもうれしい気持ちになる。スマホ以外の機材（一眼レフ・GoPro・チェキなど）を持ち込んで撮影する場合は別料金なので、事前に問い合わせた上

♥ 部屋だけでなく、各階のエレベーターホールのインテリアも見応えがある

♥ こちらもエレベーターホール。青い壁と白の彫刻の組み合わせが美しい

♥ ルームサービスのメニューはどれも本格的。ラブホ飯、あなどれません

で訪れることを勧めたい。

ホテル ブルージュ

〒277-0806 千葉県柏市柏インター東 8-5
☎ 04-7131-1919
https://www.hotel-brugge.jp

a-b. 313号室　c. 102号室　d. 406号室　e-f. 505号室　g-j. エレベーターホール　k. ルームサービス

HOTEL THE WAVE

ホテル ザ・ウェーブ

神奈川県

Love HOTEL 9

401号室

アットホームなあたたかさに癒され、
バラエティに富んだ内装に心躍る

♥ ホテルのオーナーがかつて使っていたピアノ。
まさかピアノもラブホに設置されることになるとは
思ってもいなかっただろう

♥ 円形ベッドとウォーターベッド、
2つのベッドがある401号室

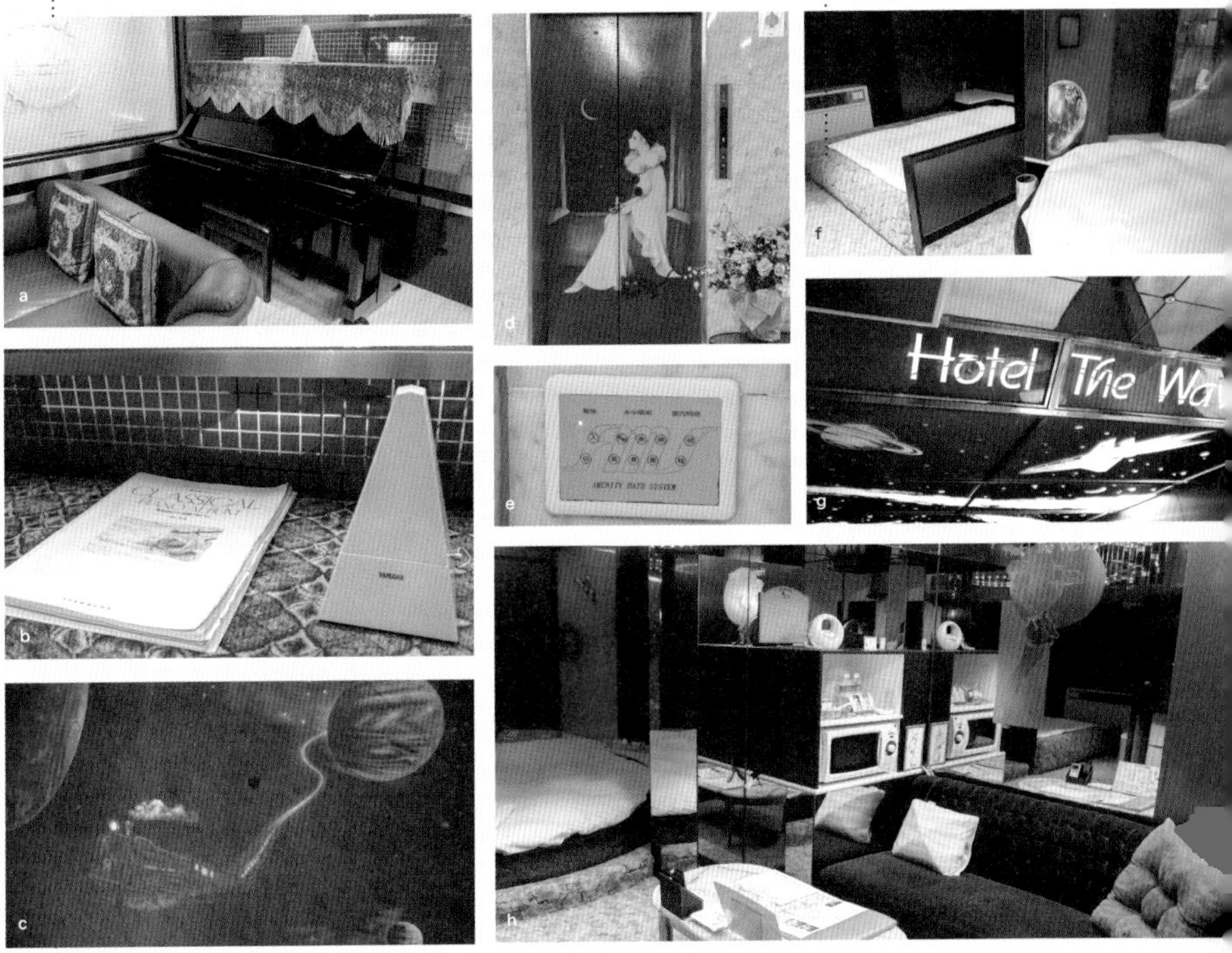

♥ 浴室。
ブラックライトで銀河鉄道が出現！

a-b. 301号室　c. 401号室　d. エレベーター　e-h. 401号室

JR横浜線淵野辺駅より徒歩で約15分。一見、外観はシンプルで大きな特徴のないラブホテルに見えるが、内装は実に個性豊かでそのギャップがたまらない。

301号室にはピアノが設置されていて（しかも年に一度、ちゃんと調律もされている）、カップルで来てパートナーの誕生日プレゼントにピアノを披露する人もいるのだとか。401号室の宇宙部屋はベッドがふたつあり、ひとつは円形ベッド、もうひとつはウォーターベッド。どちらのベッドを使うか、その日の気分次第で決められるのが楽しい。

「ザ・ウェーブ」は代々家族で引き継がれて運営されてきた。現在の代表は学生時代、夏休みのアルバイトとしてよく部屋の掃除を手伝っていたそうだ。このとき一緒に働いていた従業員が今もまだ現役で働いているそうで、ホテル内は実にアットホームな雰囲気に満ちている。

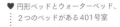

驚いたのが、病気で辞めてしまったご高齢のフロント係が、今でも敷地内の雑草を抜いたり、花を植えに来てくれたりするという話。従業員同士の家族のようなつながりを感じ、温かい気持ちになる。昭和時代からの部屋がきれいに保たれているのも、従業員の活躍あってこそ。行くたびに、この場所を守り続けてくれていることへの感謝の念が湧き上がってくるホテルだ。

ホテル ザ・ウェーブ

〒252-0235 神奈川県相模原市中央区相生 1-1-21
☎ 042-757-2523
http://hotel-the-wave.com

♥ ハンドメイド感溢れる
トイレットペーパーホルダー

♥ かわいいダイヤル式電話に出会うとうれしい

a

b

c

e

d

f

a-b. 407号室　c. 301号室　d. 307号室　e. 408号室　f. 407号室

Love HOTEL 10

HOTEL AI

ホテルAI

静 岡 県

回転しながら昇っていく、
奇想天外なベッドが現存する貴重なホテル

「ホテルＡＩ」の711号室には、日本に数えるほどしかない国宝級のベッドがある。その正体は「回転しながら上昇&下降するベッド」。全人類に教えたくなるような奇想天外なベッドが、静岡県沼津市に存在しているのだ。

　回転ベッドといえば、時計回りまたは反時計回りにゆっくり回るもの。その先入観を覆す「上昇&下降」というアクロバティックさに空いた口が塞がらない。「今このベッドの整備を担当してくれている電気屋にしか扱えないものなのではないか」というオーナーの言葉から、いかに貴重なものなのかが伝わってくる。このベッドの救世主でもある電気屋さん以外にも、どうか修理できる職人が現れてほしい……と願うばかり。みなさん、丁寧に扱いましょう。

　その他、グランドピアノが設置されている部屋や鏡張りの部屋も。アメニティやフードメニューも豊富なので、手ぶらで行っても安心なのが心強い。道路を挟んだ隣には系列店の「ホテルＡＩ ＮＥＸＴ」があるので、時間に余裕があればぜひハシゴしてほしい。

ホテル AI

〒410-0001 静岡県沼津市足高 288-1
☎ 055-923-6088

♥ 上昇するとこんな感じに。昇っていく最中は「おおおお！」とつい歓声を上げてしまった。けっこう高いので、落ちないように注意！

a

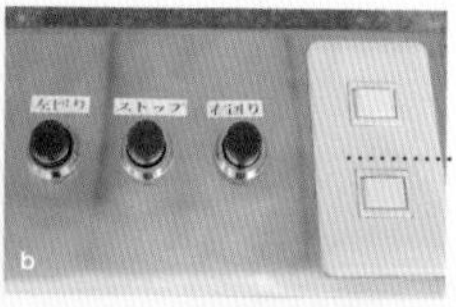

b

♥ 回転ベッドの操作パネル

c

d

♥ ラブホ飯を注文！

a-c. 711号室
d. ルームサービス

Love HOTEL 11

HOTEL LONGCHAMP

ホテル ロンシャン

富山県

205号室「気球」

「気球」に「果実の部屋」、部屋名もインテリアもかわいくて遊び心満載

富山県高岡市、庄川沿いにあるラブホテル。創業は1981年で、どどんとそびえ立つビルに怪しげなネオンの看板は、創業当時この辺りではかなり目立っていたようだ。

部屋のパネルを見ると各部屋に魅力的な名前がついていて、ネーミングを眺めているだけで全部屋制覇したくなってしまう。1日1部屋ずつ宿泊してみたいものだ。内装はまさに名前の通り。205号室「気球」には気球型ライトやプロペラ機の模型がぶら下がっていたり、208号室「果実の部屋」は天井からいちごとみかんが生えていたりと、子どもが大喜びしそうな仕掛けが取り入れられていて、大人になってもこういう遊び心を忘れたくないな……と思わせてくれる。

夏には庄川花火大会が目の前で行われているため、部屋の窓を開けるとゆったりと花火を楽しむことができる。花火が

e

i

j

f

g

h

見えるラブホもそうそうないはずだ。花火大会の時期に来て、大切な人と花火を見ながらロマンチックに過ごすのも良いだろう。２０２３年から順次改装工事を予定しているとのこと。昭和の雰囲気を存分に味わえるうちに、ぜひ早めに訪れてほしいホテルだ。

ホテル ロンシャン

〒933-0013 富山県高岡市三女子 132-1
☎ 0766-21-4055
http://www.y-kankou.com/hotel/ronshan

♥ 208号室「果実の部屋」は、天井からイチゴとみかんが生えている

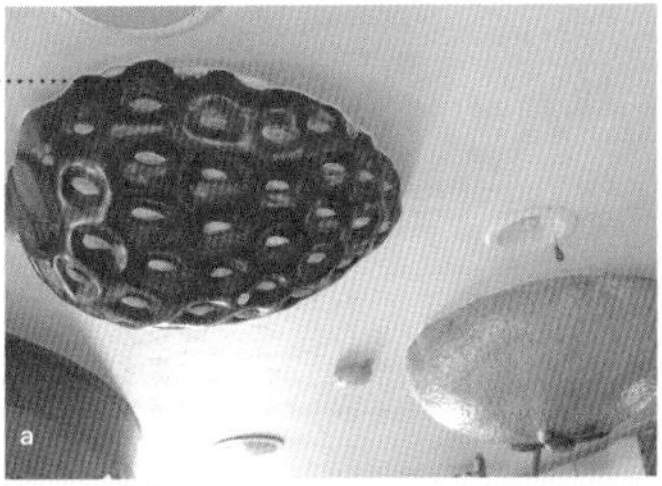
a

♥ ベッド上の天井。フルーツのイラストが並び、真ん中は鏡になっている

b

c

♥ 室内にピンクの木が！ ミラーできらきら飾られた壁もかわいい

d

a-d. 208号室「果実の部屋」
e. 311号室「アラビアンナイト」
f. 過去に使われていたエアシューター
g-h. 205号室「気球」
i. ホテル名入り灰皿
j. 311号室「アラビアンナイト」

HOTEL FUKI

ホテル 富貴

大 阪 府

Love HOTEL 12

406号室［英国］

内装の隅々にまで行き渡る心遣いに、大阪の人情を感じる

♥ 高床式ベッド。
階段を上ってベッドまで向かう演出が心憎い

♥ 浴室のタイル。レトロなタイル貼りの壁を見ると
「昭和ラブホに来たなあ」としみじみする

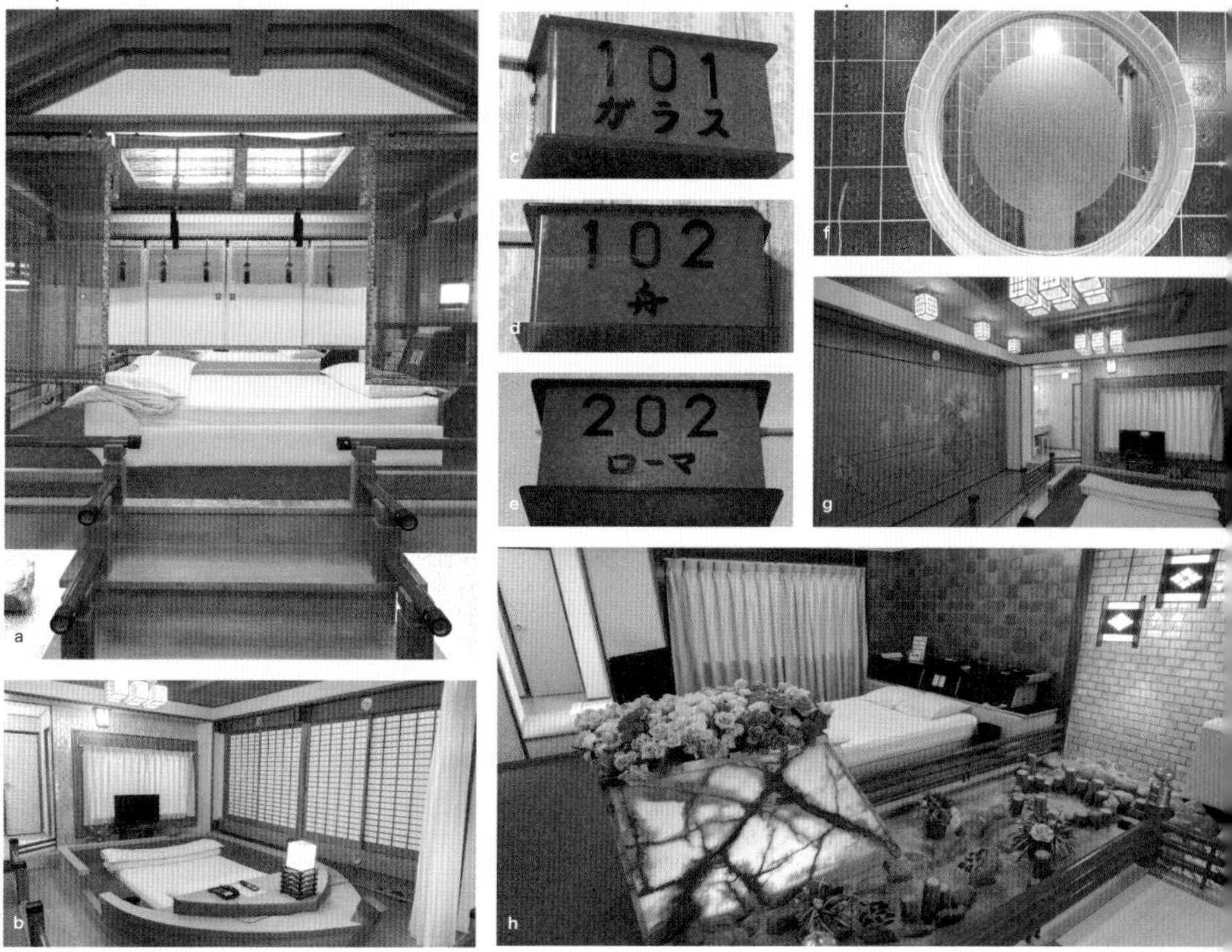

a. 302号室「江戸」 b. 102号室「舟」 c-e. 各部屋のサイン f. 202号室「ローマ」 g. 102号室「舟」 h.101号室「ガラス」

1977年創業、大阪の京橋で長年愛されている老舗ラブホテル。英国風の部屋、和風の部屋、前方後円墳型のバスタブがある部屋などバラエティ豊かで、ポートレート撮影のロケ地としても人気を集めている。部屋に入るまでのロビーや階段、廊下にも趣向が凝らされており、螺旋階段や凹凸のある壁紙、天井のデザインなど何度見ても飽きることはない。これほどの内装を維持するのは大変そうだが、いままでに大きな改装をすることなく営業を続けてきたという。

外看板は一見LEDライトのようだが、職人が手作業でネオン管を曲げているそう。夜になるとこのネオン管が美しく点灯し、妖艶なムードを醸し出す。

オーナーに話を聞くと、内装の隅々にまで心遣いが行き渡っているのを感じる。たとえば壁紙の張り替え時に部屋の雰囲気を壊さない柄やデザインを選ぶことは

もちろん、和風部屋で使用している畳は、掃除のときに毛羽立たず、匂いもよく保ちが良い国産のもののみを使用している。

「富貴は客、従業員、職人に支えられている」と嬉しそうに語るオーナー。「ラブホテル＝従業員がそっけない」という印象を持つ人もいるだろう。だが「富貴」はオーナー、従業員共に明るく親切でとても親しみやすい。ひとりで訪ねても丁寧で温かい対応をしてもらえて、なんだか実家にいるような安心感を覚える。

また「富貴」は他のラブホテルに比べてターゲット層が広い。女性同士、男性同士もOKだし、周りに飲食店が多いから朝の仕込み当番、立ち飲み屋の従業員も利用する。ギラついた繁華街ではなく街の一部として溶け込んでいるので、ラブホ街に抵抗がある人も入りやすい。大阪に行くたびに「ああ、ホテル富貴に行きたい！」と強く思う。

♥ 406号室「英国」は、
エメラルドグリーンを基調とした上品な雰囲気

♥ 昔の化粧品を並べてみたくなる

♥ 今や絶滅危惧種と言ってもいい和式トイレ。
和式で用を足すとき、なんだか緊張するのは
私だけ……？

g-h. 406号室「英国」 i. 102号室「舟」 j. 202号室「ローマ」 k. 205号室

ホテル 富貴

〒534-0024 大阪府大阪市都島区東野田町 3-7-11
☎ 06-6353-4135
http://www.hotelfuki.jp

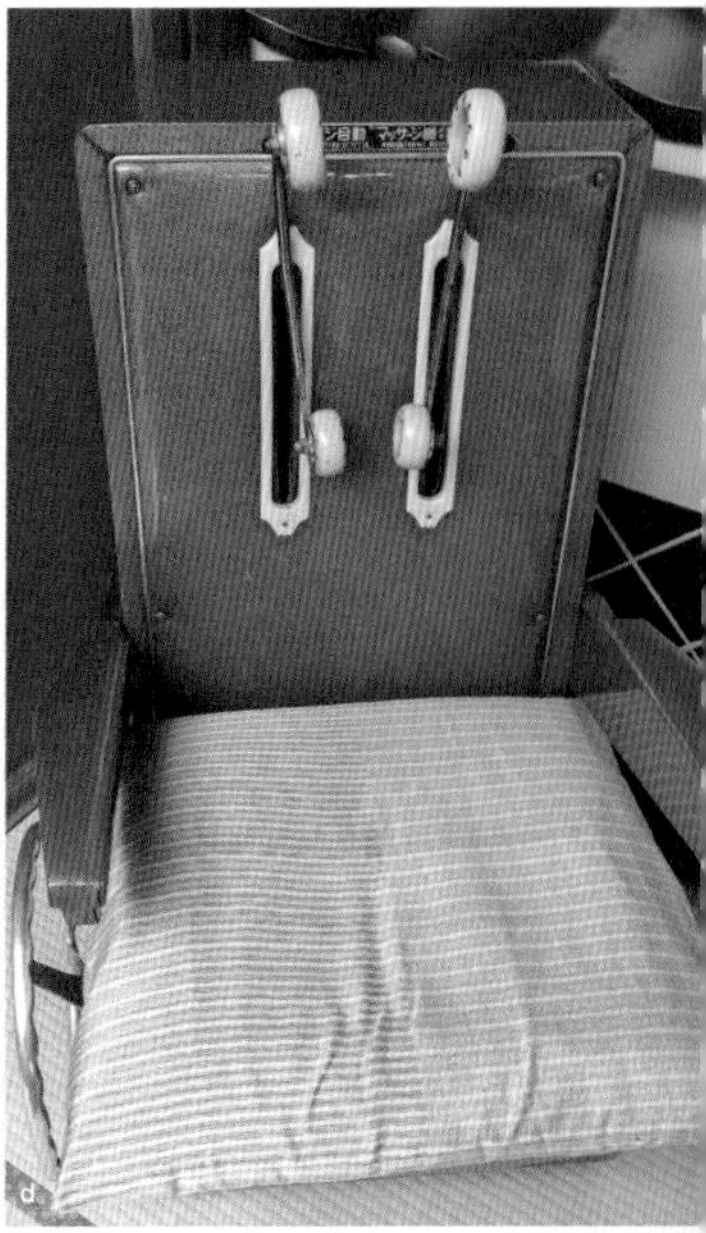

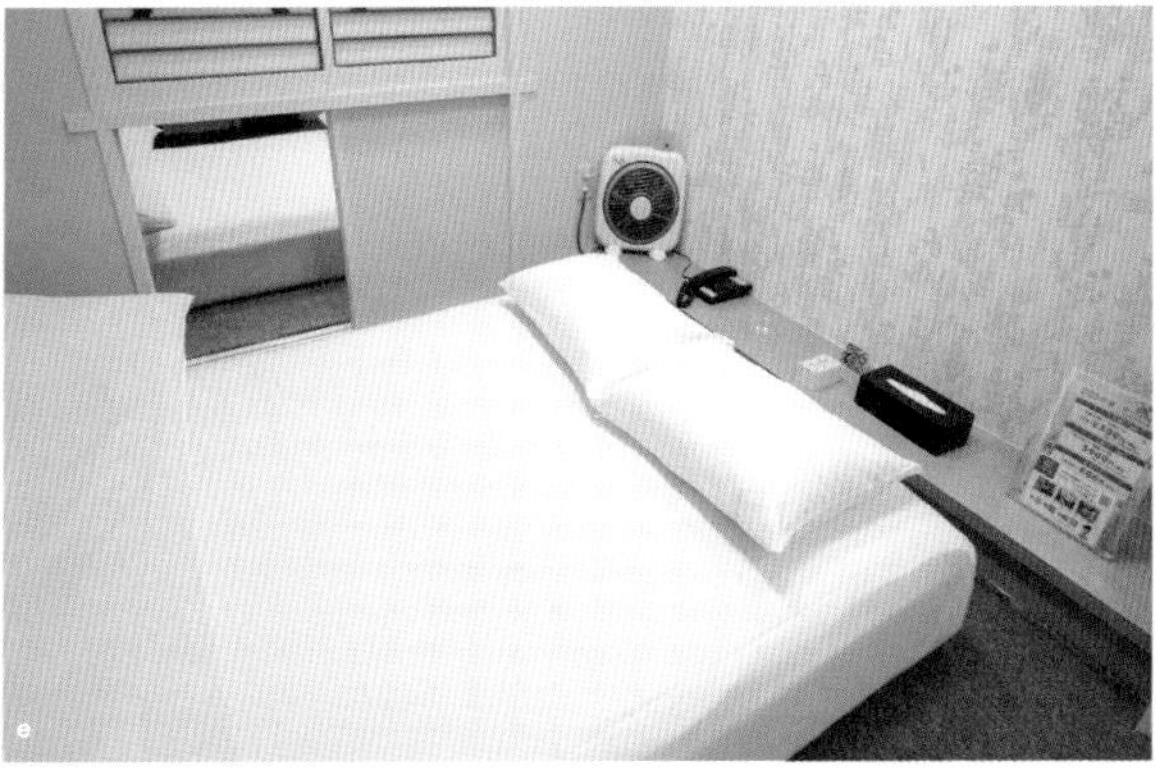

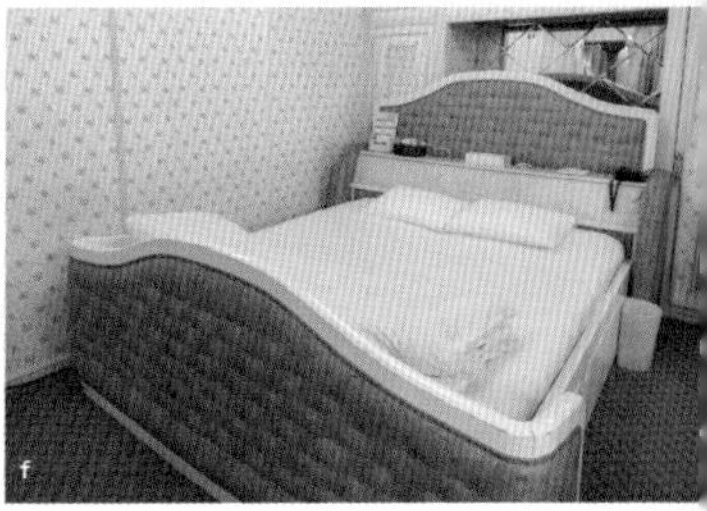

a. 405号室「和室」 b-c. 302号室「江戸」 d. 101号室「ガラス」 e. 205号室 f. 202号室「ローマ」

HOTEL CHISEN

ホテル 千扇

大阪府

Love HOTEL 13

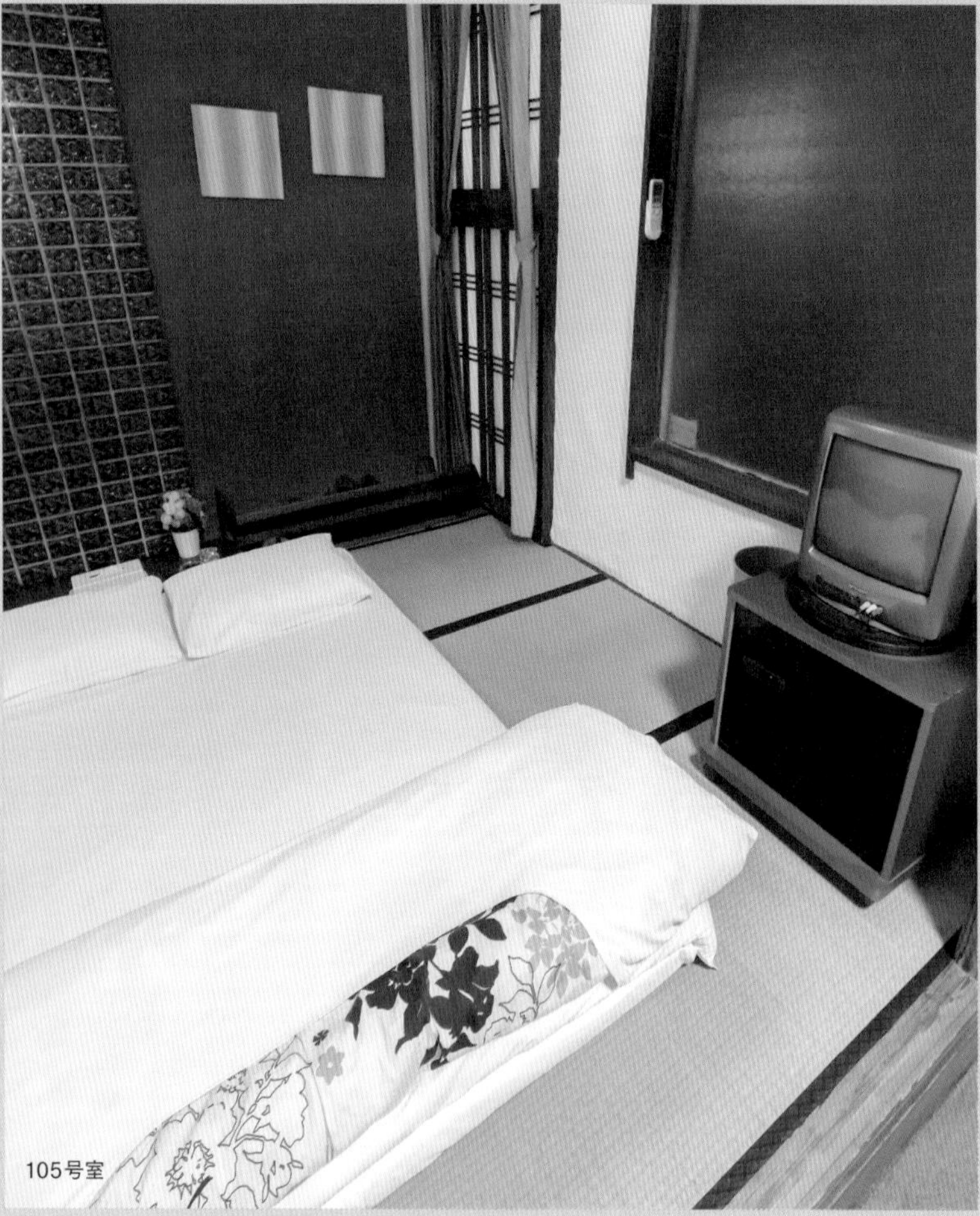

105号室

しっとりして落ち着いた雰囲気が魅力
ギラギラなホテルに落ち着かない人はぜひここへ

♥ ロビーから客室へつながる階段。
床の赤いカーペットも手すりのデザインも
昭和レトロ感たっぷり

♥ 幾何学模様の壁紙に
真っ赤なソファのコントラストが素敵

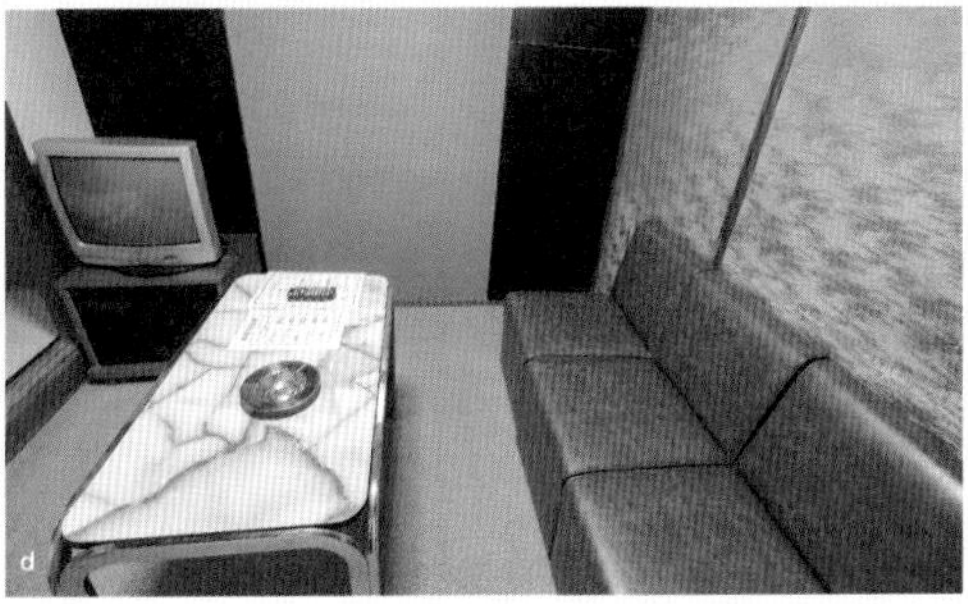

a. ロビー　b-c. 103号室　d-e. 104号室

創業1964年。約半世紀に渡って営業を続けているラブホテルで、112ページで紹介している「ホテル富貴」の姉妹店だ。「富貴」とは異なり全体的にしっとりとしていて落ち着いた雰囲気が魅力。千扇をはじめて訪れた際の第一印象は、「ここは時代劇のセット?」。時代劇に出てきてもおかしくないロケーションなのだ。

各客室の内装はシンプルかつレトロで、「ギラギラしていてド派手な昭和ラブホは落ち着かない」という人にもおすすめできる。テレビは子どもの頃を思い出すブラウン管で、トイレは和式。なんだか懐かしさにウルっときてしまう。そしてなんといっても、私の推しポイントは風呂だ。壁だけでなく、バスタブまでもタイル貼り。さまざまな昭和ラブホを訪ねてきたが、ここまで個性豊かなタイルがふんだんに使われている風呂はめずらしい。オーナーから「タイルを研究している大学の教授がときどき訪れる」と教えてもらったように、その道のプロからも注目されているらしい。

休憩に使われるだけでなく、お芝居のイベントや写真展の会場として利用されることも。一日貸し切り撮影プランもあるので、じっくり内装を撮影してみたいものだ。

ホテル 千扇

〒534-0024 大阪府大阪市都島区東野田町 3-7-4
☎ 06-6352-6065
http://hotelchisen.jp

２０２３年２月現在、不定期の土曜日13時～18時のみ営業。事前に営業日、時間を確認してから訪れることをおすすめしたい。そして時間に余裕があれば、ぜひ姉妹店の「富貴」と一緒に訪れてみてほしい。

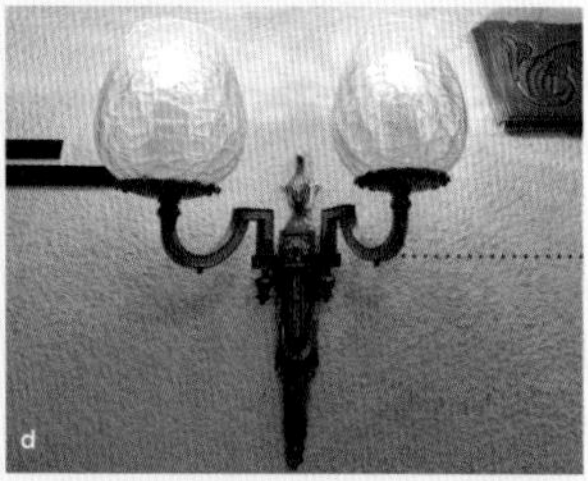

♥ 今ではもう手に入らなそうなデザインの照明

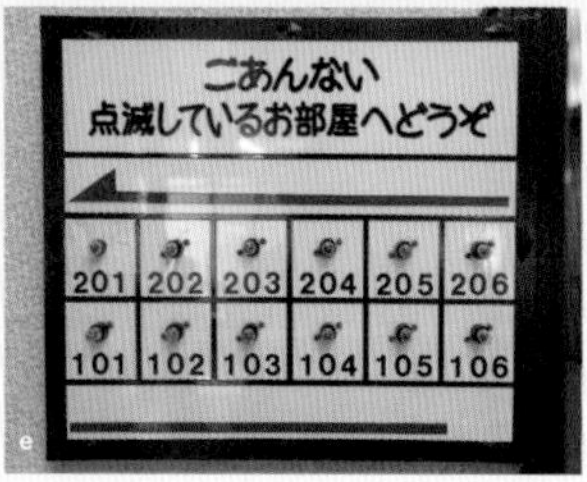

a. 105号室
b. ロビー
c. 103号室
d-e. ロビー

Love HOTEL 14

HOTEL ROLAND

ホテル ローラン

大阪府

外観

ピンクの外観と渋い内装のギャップが最高！
なんば駅すぐの好アクセスもうれしい

♥ つやつやした丸っこいソファがかわいい

♥ 派手さとあたたかさがほどよく両立していて落ち着く

g. 301号室　h. 403号室　i. 501号室　j. 403号室　k. 102号室

各線なんば駅徒歩すぐの好立地なラブホ街にある「ホテルローラン」。ピンクのポップでかわいらしい外観が目を惹くが、中は畳の和風部屋や和式トイレがあるなど渋い一面もあり、実際に来店しないと味わえないこのギャップに心が躍る。

部屋に向かうまでの階段や廊下には、タイルを埋め込んだ壁や宮殿風の装飾など手の込んだデザインが施されている。エレベーターを使うのもいいが、あえて階段を使って移動し、内装をじっくり見て部屋へと向かうことをおすすめしたい。

創業は昭和40年代後半とのこと。各部屋のインテリアは、真っ赤なソファや石畳、タイルの壁などまさに"THE 昭和"の情緒に溢れていて、レトロ好きにはたまらない。

休憩・宿泊ともに値段がお手頃なため、連泊する人もいるそう。そして昭和ラブホをほとんど徒歩で巡っている私として

♥ 赤い壁紙に
青い照明のコントラストがおしゃれ

♥ 102号室のドアを開けて
最初に目に入ってくるのは石畳！

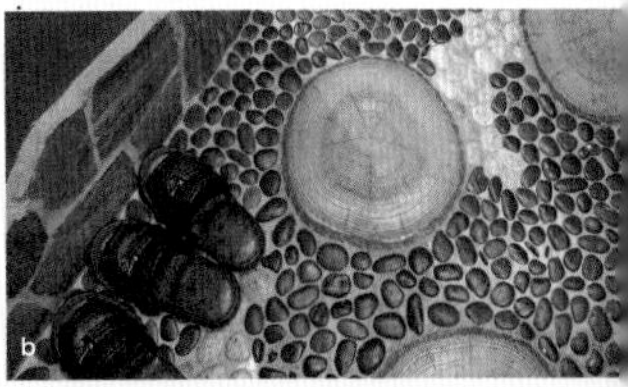

a. 301号室　b. 102号室　c. 302号室　d. エントランス　e. 501号室　f. 303号室

は、駅チカなのがめちゃくちゃポイント
高い！

ホテル ローラン

〒556-0011 大阪府大阪市浪速区難波中1-7-4
☎ 06-6641-7500

HOTEL LIEABHABER

ホテル リープハーバー

大 阪 府

Love HOTEL 15

メリーゴーランドにウォータースライダー
ここは大人の遊園地

♥ ミニプールに着地するウォータースライダー。ボタンを２回押すと水が出る仕組み

♥ 背景はなぜか横浜みなとみらいの夜景。これが意外とロマンチックな雰囲気を醸出している

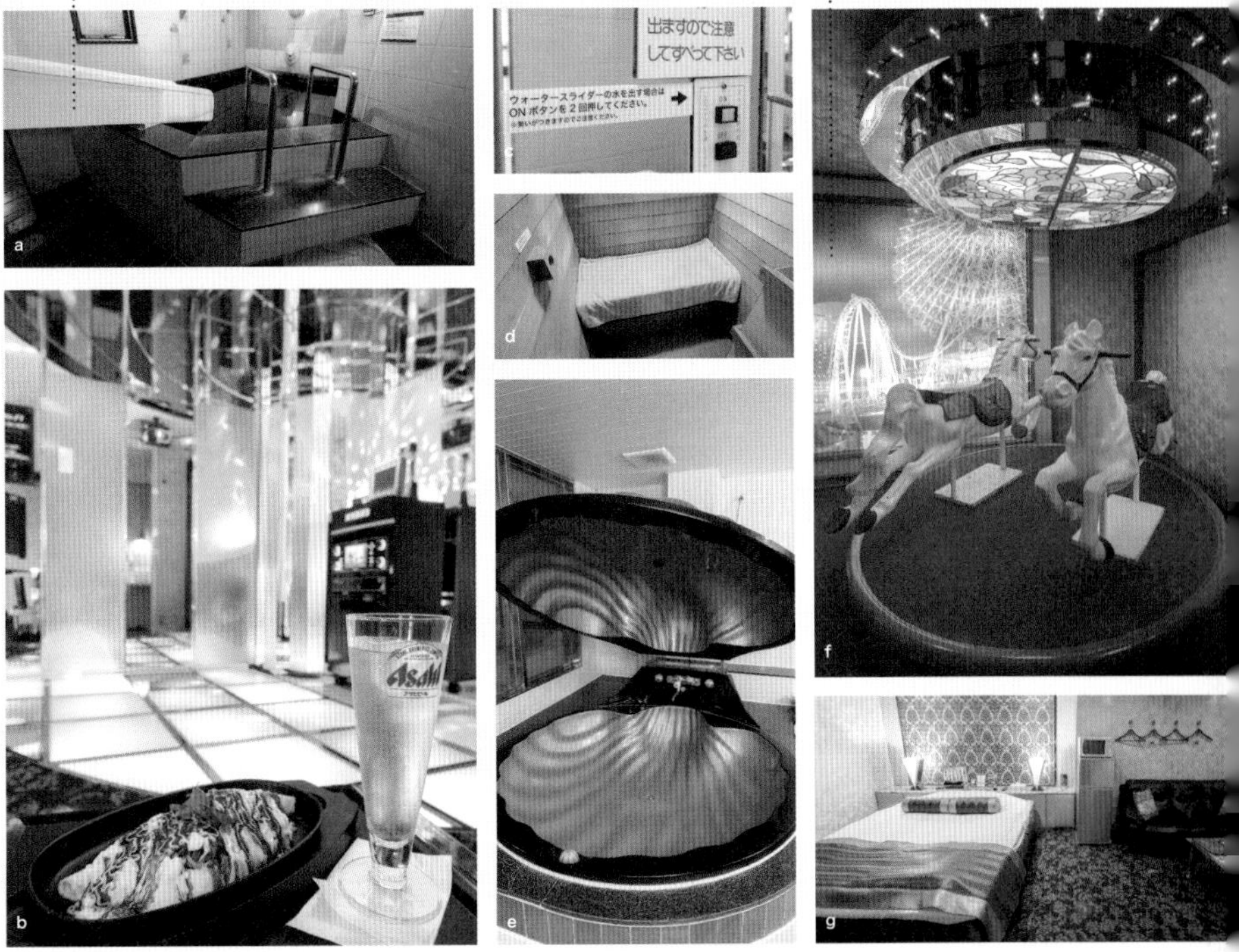

a-c. 415号室　d. 417号室のサウナ　e. 415号室　f. 417号室　g. 415号室

人気遊園地ひらかたパークから車で約5分の場所に、大人の遊園地が存在する。その名も「ホテルリープハーバー」。メリーゴーランドにウォータースライダー、プールなど、建前や世間体を忘れて子どもに戻ったかのようにはしゃいでしまうアトラクションが目白押しのホテルだ。

私が宿泊した415号室にはカラオケステージ、ウォータースライダー（怖いくらいスピードが出るので要注意！）、貝殻バスタブがあり、設備すべてを満喫するのに大忙し。寝るのを忘れるくらい夢中になった素敵な思い出がある。

さらに321号室のスーパーカー部屋、401号室のスペースシャトル部屋は壁紙までギランギラン。よくここまでのギラギラ空間を作り出せるなぁと感心してしまう。ベッドルームと浴室の間は大きなガラス窓になっている部屋が多く、ガラスにはそれぞれ違う絵が描かれている。

これは行ってみてのお楽しみ！

メーカーに「もう二度と作れない」と言われているらしい貝殻バスタブをはじめ、昭和の頃に作られた貴重な設備や備品が現役で活躍するホテル。丁寧にメンテナンスされ、昭和の香りが守られていることが感じられる。

ホテル リープハーバー

〒573-0094 大阪府枚方市南中振 3-14-1
☎ 072-833-1919
https://best-delight.com/lieabhaber/

a

b

e

c

f

d

a. 417号室　b. 415号室　c. 405号室　d. 401号室　e. 415号室　f. 321号室

Love HOTEL 16

HOTEL CHRONOS

ホテル クロノス

京 都 府

345号室

テニスコート、ゴルフコート、本格ジムも
ベッドルームを使わずとも一日中楽しめそう

i

j

k

l

日本を代表する観光名所であり歴史的建造物の集まる京都に、ラブホテルの域を超えた昭和ラブホがある。なんとテニスコート、ゴルフコート、アスレチック（スポーツジム）などが併設された部屋があるのだ！

申し訳程度にそれらの設備があるだけでは？ と思っている人がいたら大間違い。写真からもわかるように、どれも本格的な造りになっている。ベッドルームは一切使わず、これらの設備だけで一日過ごせそうだ。運動は苦手……という人はプールやメリーゴーランド、ブランコがある部屋でのんびり楽しもう。

２０２２年までは「ホテル シャルマン」という名前で営業していたが、２０２３年から「ホテル クロノス」として生まれ変わった。ホテル名は、時計の秒針が止まって見える現象である「クロノスタシス」が由来となっていて、「シャルマンの

♥ 本格ジムにビリヤード台も設置されている。
すごいぞクロノス

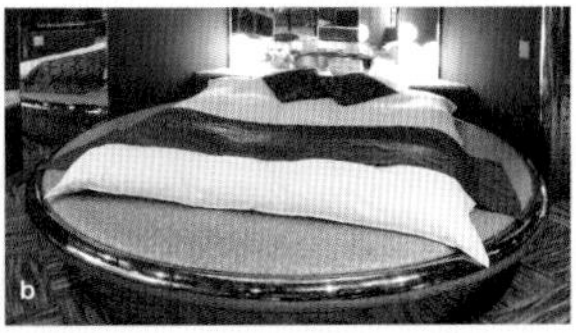

a. 327号室　b. 243号室　c. 232号室　d. 330号室　e. 331号室　f. 330号室　g-h. 327号室
i. 331号室　j. 330号室　k. 335号室　l. 232号室

古き良き昭和の時間をそのままに引き継いでいきたい」との想いが込められているそう。京都観光の際は、ぜひ宿泊候補に「クロノス」を入れてほしい。

ホテル クロノス

〒612-8473 京都府京都市伏見区下鳥羽広長町127
☎ 075-622-9622
https://hotel-chronos.com

※ホテル クロノスの写真は2022年の改装前に撮影しているため、
現在の内装とは一部異なります。

HOTEL FRANCE

ホテル フランセ

岡 山 県

Love HOTEL 17

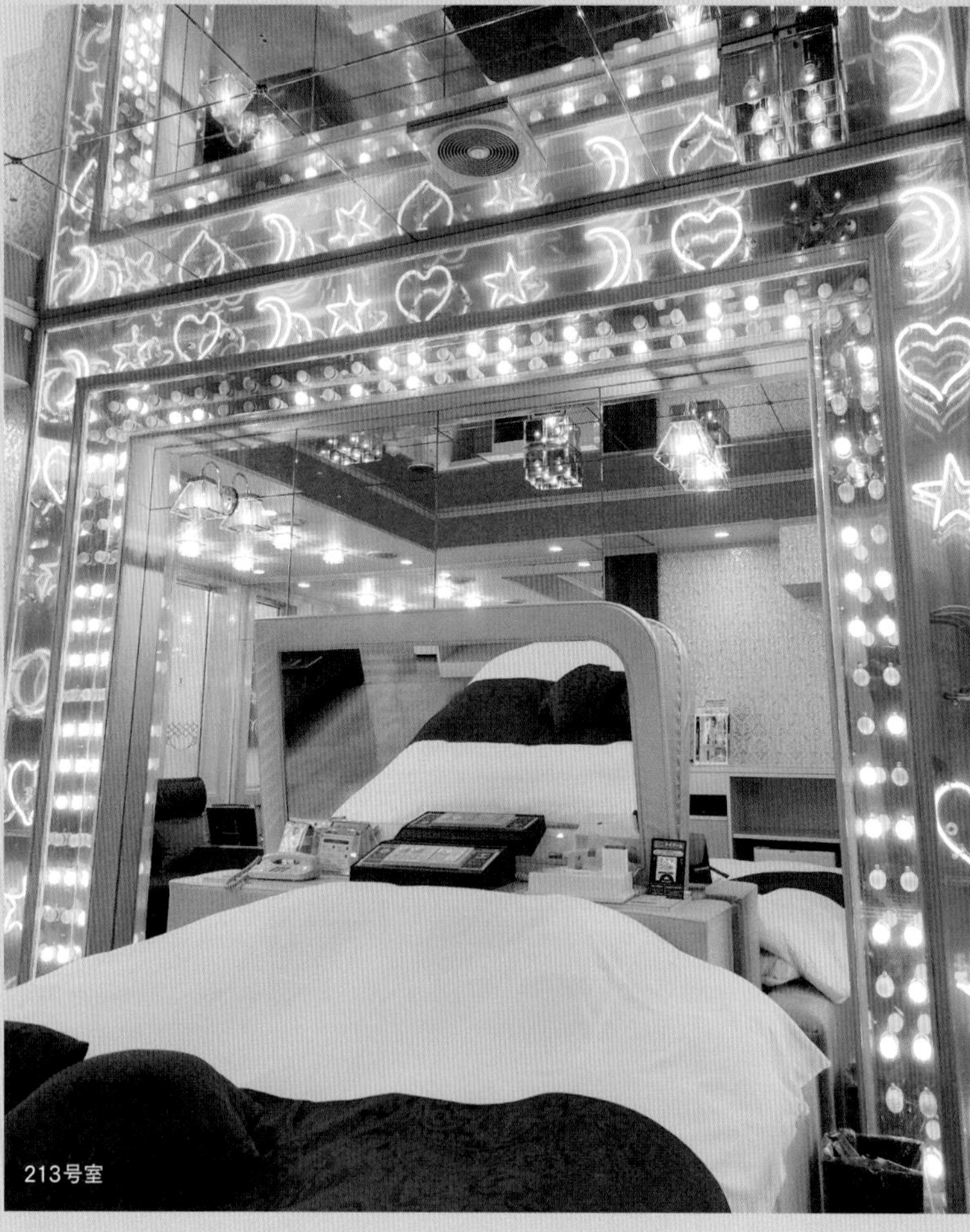

213号室

昭和ラブホのギラギラ要素全部盛り
中国地方屈指の「ウルトラ・エレガンス・スポット」

♥ベッドに寝転がりながら映画鑑賞もできる

♥メリーゴーランド。
これに乗って記念写真を撮らずにはいられない

a-c 223号室　d. 225号室　e. 223号室　f. 206号室　g. 211号室

ラブホテル設計・プロデュースの第一人者として知られる亜美伊新氏（インタビューは58ページへ）。彼がデザインしたホテルのひとつが、岡山県にある「ホテルフランセ」だ。亜美伊氏が昭和の頃にデザインした部屋がそのまま残っているホテルは貴重で、そんな場所を訪れることができる奇跡にありがたい気持ちが湧き上がる。

創業時のパンフレットを見ると「21世紀を先取りしたファッション感覚溢れる最高のレジャー施設の枠を結集し中国地方屈指のウルトラ・エレガンス・スポットとして誕生致しました」との記載がある。創業当時のままの姿を受け継いでいる部屋も多く、昭和ラブホ好きとしては歓喜の極み。

ルームサービスも充実していて、フードメニューはもちろん高級美容家電もレンタル可能。223号室には大きなプロジェクターがあり、ベッドに寝転びながら視聴できる。昭和の香り×最新設備のギャップになんだか戸惑いつつも、リラックスした時間を過ごすことができる。時代は変わったが、間違いなく現在もフランセはしっかりと「ウルトラ・エレガンス・スポット」を継承している。

ホテル フランセ

〒703-8225 岡山県岡山市中区神下175
☎ 086-279-3131
https://www.vivafrance.jp

♥ メンバーズカードを作ると100円で朝食がいただける

a

c

b

♥ 左の写真は創業当時の210号室。昔の姿とほとんど変わっていない！

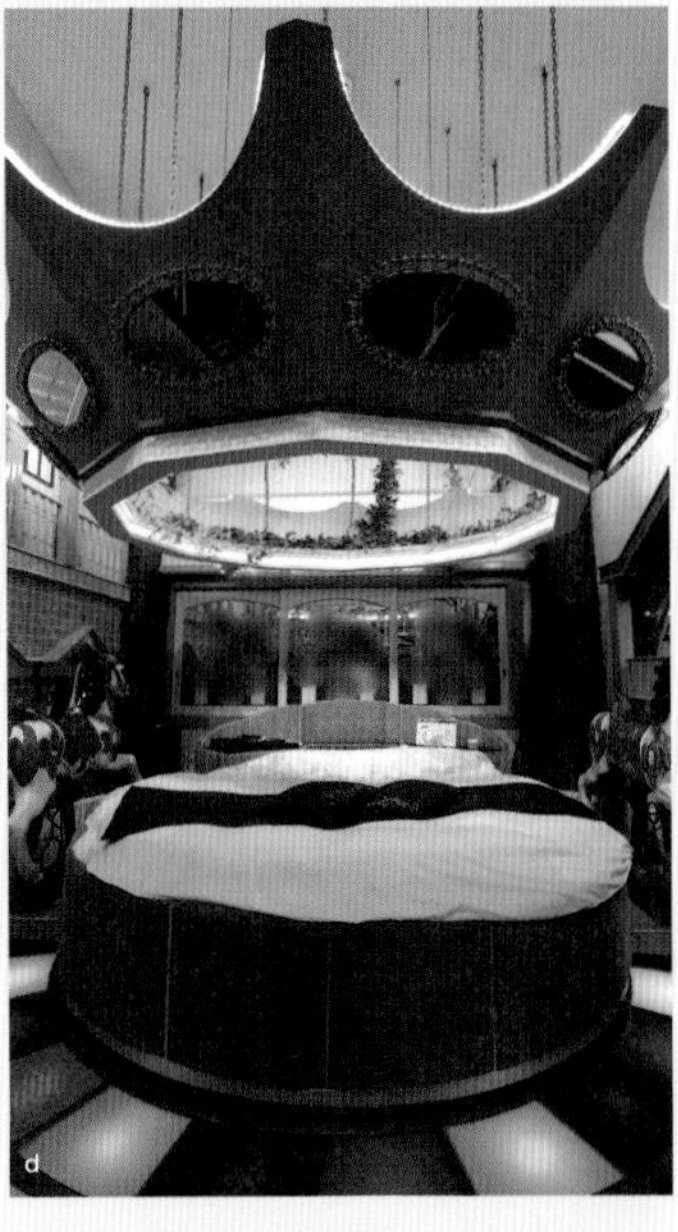
d

a. 210号室（現在）
b. 210号室（創業当時）
c. 朝食サービス
d. 225号室

Love HOTEL 18

HOTEL HOSHI NO OJI SAMA

ホテル 星の王子さま

岡 山 県

サメの口の中で眠る……
そんなシュールな体験はこちらでどうぞ

♥ 寝転がると牙が見え、
サメの口の中にいる感覚をリアルに体験できる

g

h

i

j

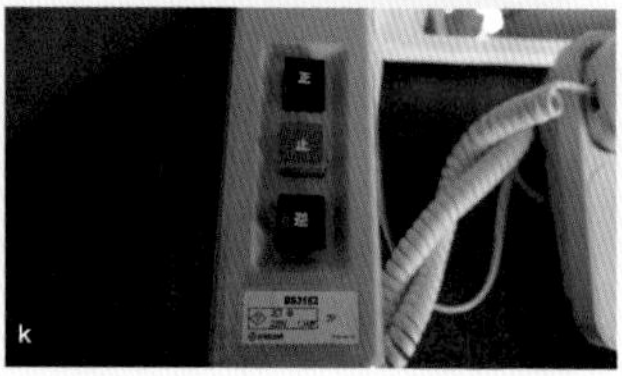
k

岡山へ行ったら絶対に訪ねたい昭和ラブホ、それが「星の王子さま」。ガレージにある部屋のパネルには、UFO型回転ベッドにサメ型ベッド、和風円形ベッド……それを眺めるだけで興奮がおさまらない。

113号室のUFO型回転ベッドは、スイッチを押すとベッドについている赤と青の電球がチカチカと点滅し出す。その様子を見ているだけで、「昭和ラブホに来ている」という実感がグンと高まるのだ。

サメ型ベッドは他のホテルでは見たことのないユニークな形状のベッド。サメの口の中で寝るというシュールな体験ができる。疲れているときにここで寝そべったら、悩みごとを忘れられるくらいのパワーをもらえそうだ。

ちなみに、このホテルの一番人気はSM部屋とのこと。「星の王子さま」というかわいらしい名前とハードなSMの組

♥ 人気のＳＭ部屋。
ＳＭといえば赤×黒のイメージが強い

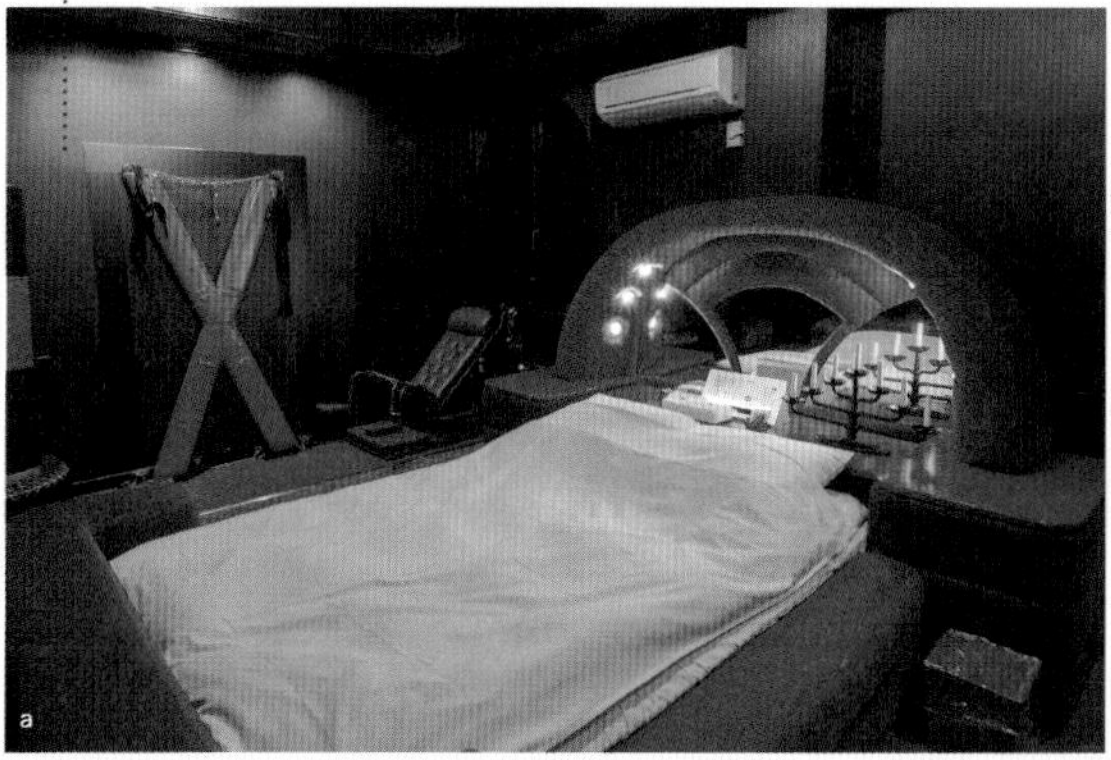
a

b

c

d

e

f

a. 111号室　b. 112号室　c. 105号室　d-e. 116号室　f. オリジナルマグカップ
g-h. 110号室　i-j.113号室　k. 回転ベッドのスイッチ

み合わせがまた味わい深い。

ホテル 星の王子さま

〒709-0602　岡山県岡山市東区一日市19
☎ 086-297-7711

HOTEL YUME NO KUNI

ホテル 夢の国

広 島 県

Love HOTEL 19

50号室

閉業寸前から見事に復活
「夢の国」といえば舞浜ではなくここ！

♥ 各部屋が戸建てになっている

♥ 浴室にある
マットプレイ専用ベッド

a. 外観　b. 28号室　c. 従業員移動用カート　d. 32号室　e. 36号室　f. 35号室　g. 13号室　h. 38号室

その名にふさわしい、まさに夢のようなラブホ。ホテル名を聞くだけで「どんなところ？」とワクワクした気持ちになり好奇心を掻き立てられる人も多いはず。実は数年前に閉店寸前の危機に見舞われたというこのホテル、現在の代表が「ここは残すべき！僕に任せてください！」と引き継ぎ立て直しを図ったことで、現在も営業は続いている。

昭和46年に創業し、人気が出たこともありすぐに増築。そのため敷地がかなり広く、従業員は電動カートを使って移動する。雨のときや物を運ぶときも大活躍で、今では手放せない存在になっているようだ。

公式ホームページがなく部屋の写真が出回っていないが、それは「あえて部屋の写真を載せないほうがワクワク感がある！」という代表の計らいだという。一番人気はカプセル型ベッドとすべり台の

♥ ベッドは色付きの照明に囲まれている。昔は白い蛍光灯に色を塗っていたそう

♥ ネオンで浮かび上がるハートの模様が素敵

a. 31号室　b. 32号室　c-d. 31号室　e. 3号室　f. 26号室　g. 51号室　h. 50号室

ある50号室。今でも週に数回は予約が入るようだ。

私にとっての「夢の国」は舞浜ではなく、間違いなくこの「ホテル夢の国」だ。

ホテル 夢の国

〒739-0443 広島県廿日市市沖塩屋 2-2-1
☎ 0829-55-1100

Love HOTEL 20

HOTEL ELEGANCE

ホテル エレガンス

佐 賀 県

ベッドが 3 メートル上昇！
アトラクション感覚で楽しめるメゾネットルーム

♥ ボタンを押すとベッドが回転しながら上昇していく。
上がりきった姿はこんな感じ。柵を開けて出入りできるようになっている

g

h

日本に数えるほどしかない「回転しながら上昇&下降」する国宝級ベッドが、107ページで紹介しているホテルＡ–のほか、佐賀県唐津市にも現存している。それがあるのは「ホテル エレガンス」の126号室。

部屋はメゾネットタイプになっていて、枕元のボタンを押すと約3メートルほどの高さまでベッドが上昇する。その姿を見ているだけで楽しくて、ついつい何度もボタンを押してしまう。「ホテル エレガンス」に行くなら、とにかくこの部屋に入室することを勧めたい。

部屋もゴージャスな雰囲気に溢れていて、ベッド以外も見どころたっぷり。昔は別の部屋にも回転ベッド（上昇下降しないタイプ）があったそうだが、今は撤去されてしまっている。

さらに、128号室は和風のメゾネットタイプという独特な造り。部屋のパネルにはベッドルームの写真しか写ってないた

♥ 128号室はめずらしい和室タイプのメゾネット。
高級旅館のようにも見える

a-d. 128号室　e-h. 126号室

め、入ってみてびっくり。一見普通の部屋だが、素通りしてしまうのはもったいない！ もちろんそれ以外にもシンプルな内装の部屋もあるので、メゾネットタイプは広くて落ち着かないという人はそちらに入室してみよう。

ホテル エレガンス

〒847-0031 佐賀県唐津市原1222
☎ 0955-77-1289

HOTEL R KURUME

ホテル R久留米

福 岡 県

Love HOTEL 21

304号室

船や貝殻、さまざまなモチーフのベッドに目移りしそう
鉄道マニアにうれしい仕掛けも

♥ ついタマネギを連想してしまう、ベッドルームの入口

♥ 502号室にある蒸気機関車のプレートと動輪。車輪の重さはなんと１トン！

♥ 乗馬用のウエスタンサドル。なぜこんなものがラブホに……？ しかも本物！

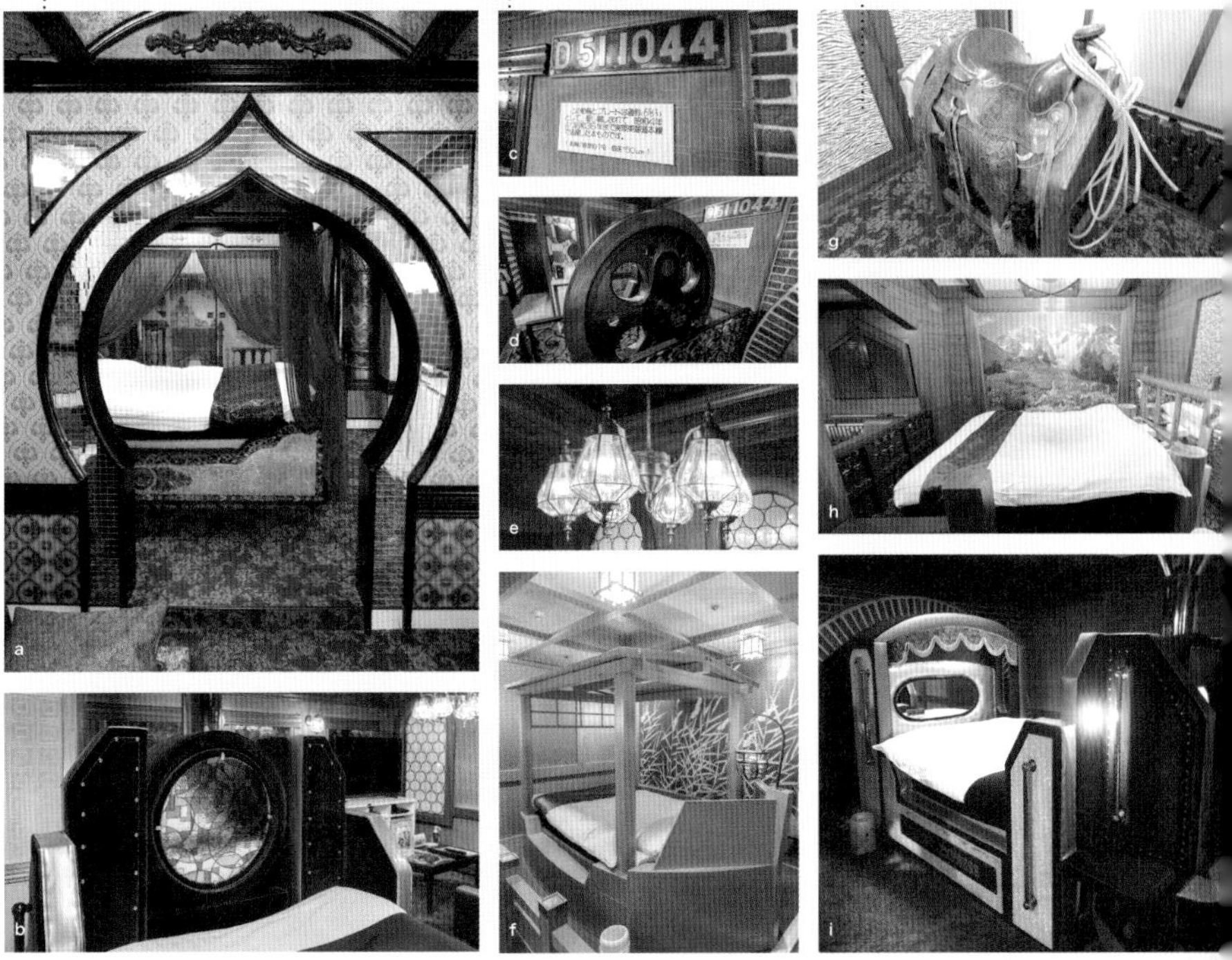

a. 303号室　b. 502号室　c-e. 502号室　f.602号室　g-h. 209号室　i. 502号室

昔は「ホテルロイヤル」という名前で営業していたが、現在はその頭文字を取って「ホテル R久留米」として営業を続けている。

このホテルの注目すべきところは、なんといっても数々の特殊なベッド。昔の船の形のものやヘッドボードに貝のモチーフがあしらわれたものなど、「どうやったらこんなデザインを思いつくの!?」とデザイナーに尋ねたくなるような奇想天外なベッドがたくさん存在する。

502号室には、なぜか過去に活躍していた列車の動輪とプレートが設置されている。これだけの大きなものをわざわざ運んできたこともすごいし、これらをラブホテルで展示しようという発想がぶっ飛んでいる。鉄道ファンも大喜び?

「福岡の良い昭和ラブホは?」と聞かれたら、間違いなく「ホテル R久留米」をおすすめする。一度足を踏み入れたら、

そのカオスな空気に虜になること間違いなし！

ホテル R 久留米

〒830-0031 福岡県久留米市六ツ門町 6-7
☎ 0942-36-7150

♥ 倉庫に眠っているお宝も見せてもらった。これは過去に使われていたらしいポスター

♥ 壁紙の模様、装飾が施された照明、タッセル飾りなど細かいところまでぬかりない

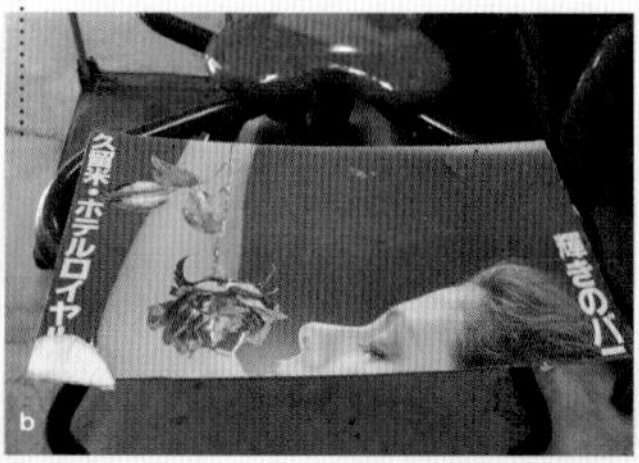

a. 廊下　b. ポスター　c. 301号室　d. 602号室　e. 203号室　f. 608号室

Love HOTEL 22

HOTEL YOU TWO

ホテル YOU2

沖縄県

901号室

伝説のラブホテルデザイナーが手がけた
内装が残る、沖縄の老舗ラブホ

♥ 恐竜をモチーフにした901号室の壁には、
よく見ると「GA COO」の文字。恐竜の鳴き声？

♥ 近未来的な雰囲気がテーマパークのような505号室

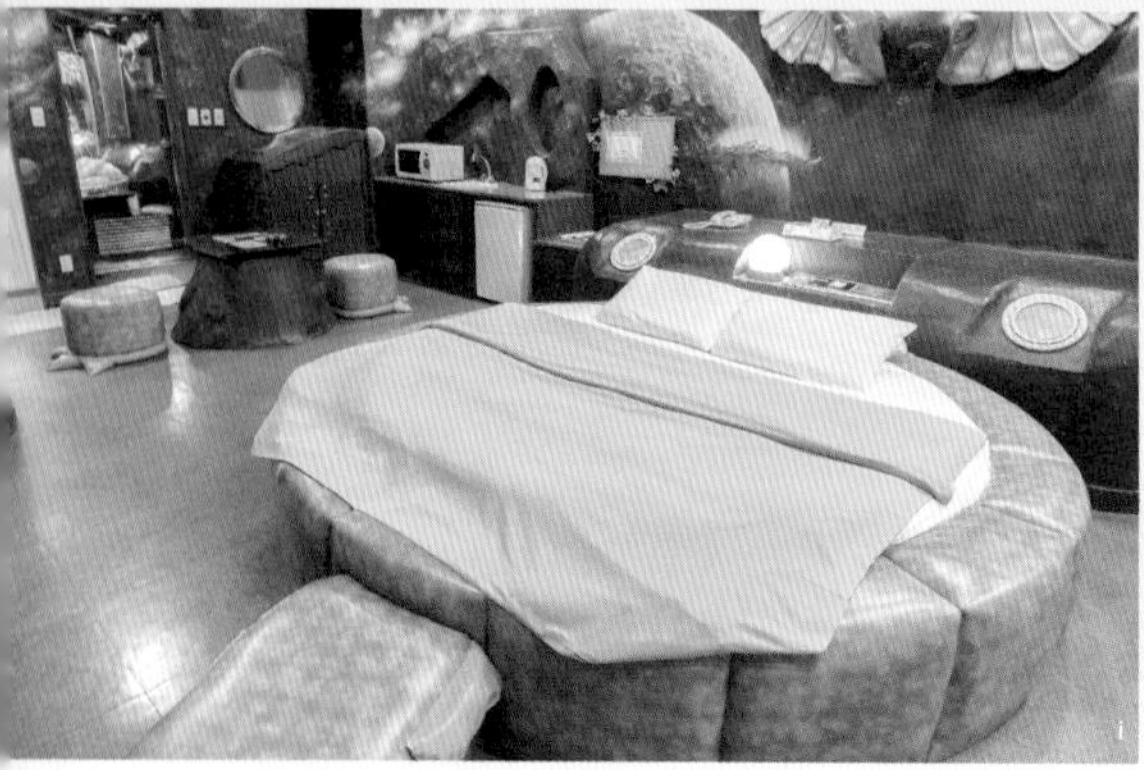

昭和ラブホファンを魅了してやまない沖縄のホテル、それが「ホテル YOU2」。128ページで紹介している「ホテル フランセ」と同様、亜美伊新氏がデザインした部屋が現存するラブホだ。

私のお気に入りは、「恐竜×宇宙」というモチーフが斬新な901号室、お姫さま気分を味わえる豪華なピンクベッドのある902号室。また、舞浜にある有名テーマパークのライティングを手掛けた職人が担当したという、5階のブラックライトも見どころだ。5階のみ、廊下も部屋もブラックライト仕様になっている。会計方法は、今やかなり貴重な設備となったエアシューター。エアシューター好きとしては、これが残っているだけでうれしくなってしまう。

部屋によっては、天気がいい日には遠くにエメラルドグリーンの海が見える。沖縄らしさと昭和の空気をいっぺんに楽

♥ こんなにゴージャスでいいの？
と聞きたくなってしまいそうなベッド

♥ ベッドとセットで作られたのかな？

a. 902号室　b. 805号室　c. 605号室　d. 501号室　e. 605号室　f. 402号室
g. 901号室　h. 505号室　i. 901号室　j. 505号室

しめるラブホだ。

ホテル YOU2

〒900-0037 沖縄県那覇市辻 1-15-12
☎ 098-866-8882
https://www.you-okinawa.com/

Love HOTEL 23

HOTEL CHIHIRO

ホテルちひろ

沖　縄　県

フロント

オーナー住居が併設するアットホーム感は、
まるで実家のよう

a. フロント　b. 403号室　c. 406号室　d. 403号室　e. 406号室　f. 有線のスイッチ
g. 403 号室　h. 館内着の浴衣　i. ルームキーとサービスドリンク

1989年創業の沖縄のラブホ。昔、沖縄に「千広」という有名な中華料理屋があり、その人気にあやかって同じ名前を付けたという。

受付で靴を預けスリッパに履き替える、昔ながらのスタイルを貫いている貴重なラブホで、2階は受付とオーナーの住居、3〜4階が客室という一風変わった造りになっている。周辺にも同じように2階がオーナー住居兼受付になっているラブホが多くあり、ラブホの構造に地域性が感じられるのが興味深い。

客層は20代〜70代と幅広く、居心地が良すぎて数カ月間滞在するご夫婦もいるのだとか。常連客も多く、客のほうからフロントに顔を出したり、「醤油とわさび貸して〜!」とリクエストをすることもあるようで、まるで家のような感覚で過ごせるとてもアットホームなラブホだ。私も一度訪ねただけで、すっかり「ホテルちひろ」のファンになってしまった。

ホテル ちひろ

〒900-0031 沖縄県那覇市若狭 1-21-14

☎ 098-868-1978

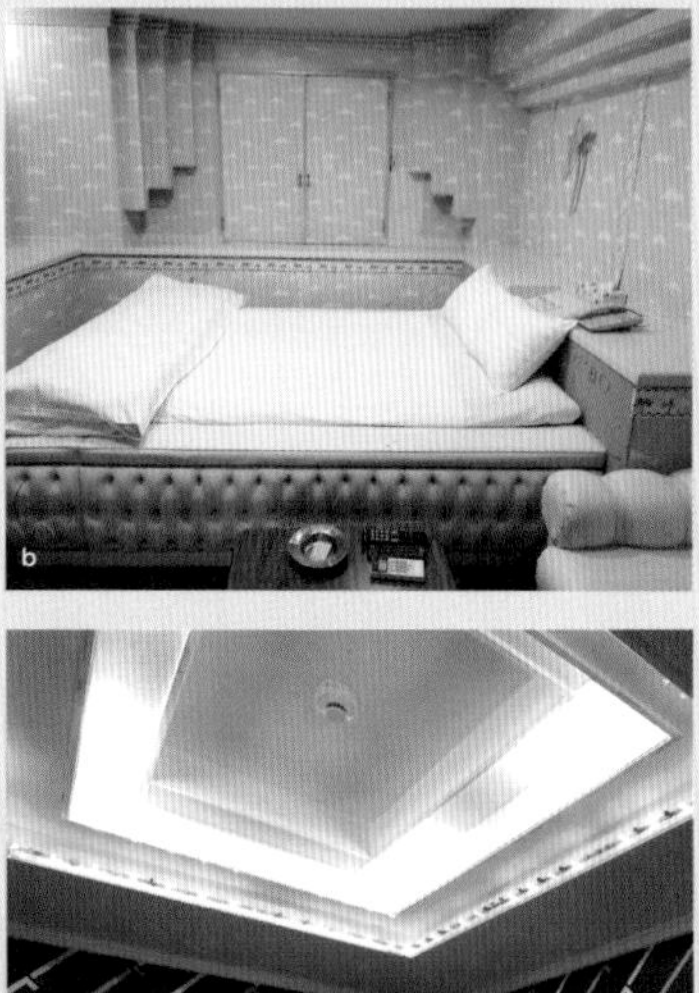

a. 階段　b. 405号室　c. 305号室

HOTEL CHEATEAU SUGAMO

ホテル シャトーすがも

東　京　都

“おばあちゃんの原宿”こと巣鴨にあったラブホテル。
なんと回転ベッドが置かれている部屋があった。東京の大都会に回転ベットというギャップが好きだったが、残念ながら2021年に閉店。

HOTEL CANON

ホテル カノン

埼　玉　県

外観はシンプルなのに中に入るとゴージャス系。
そんなギャップが楽しめるラブホテル。
フロントで猫を飼っていて、運がいいと会えるのがうれしかった。

RYOSO WAKAMIZU

旅荘 和歌水

東 京 都

外観は老舗旅館風。あまりの渋さに、旅館だと勘違いする人多数。
玄関で靴を預け、スリッパに履き替えるシステム。
洋室と和室があり、それぞれ違ったトーンの昭和感に満ちていた。

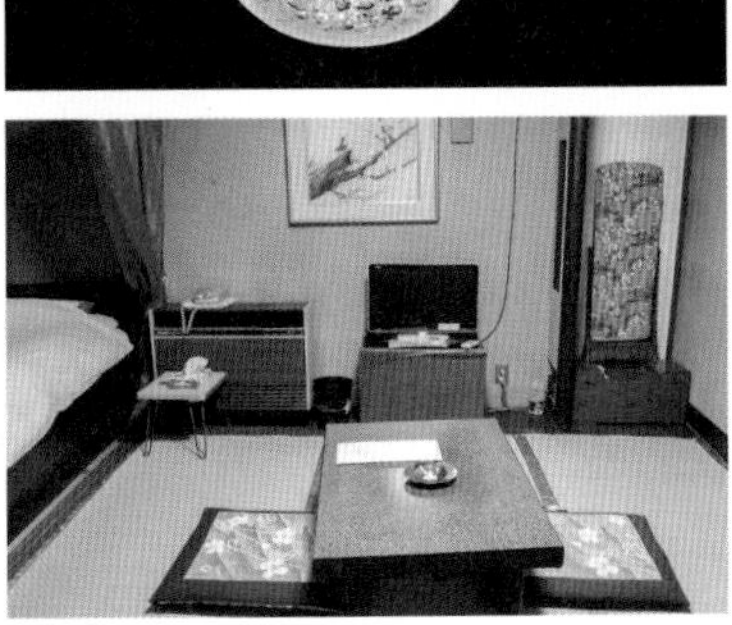

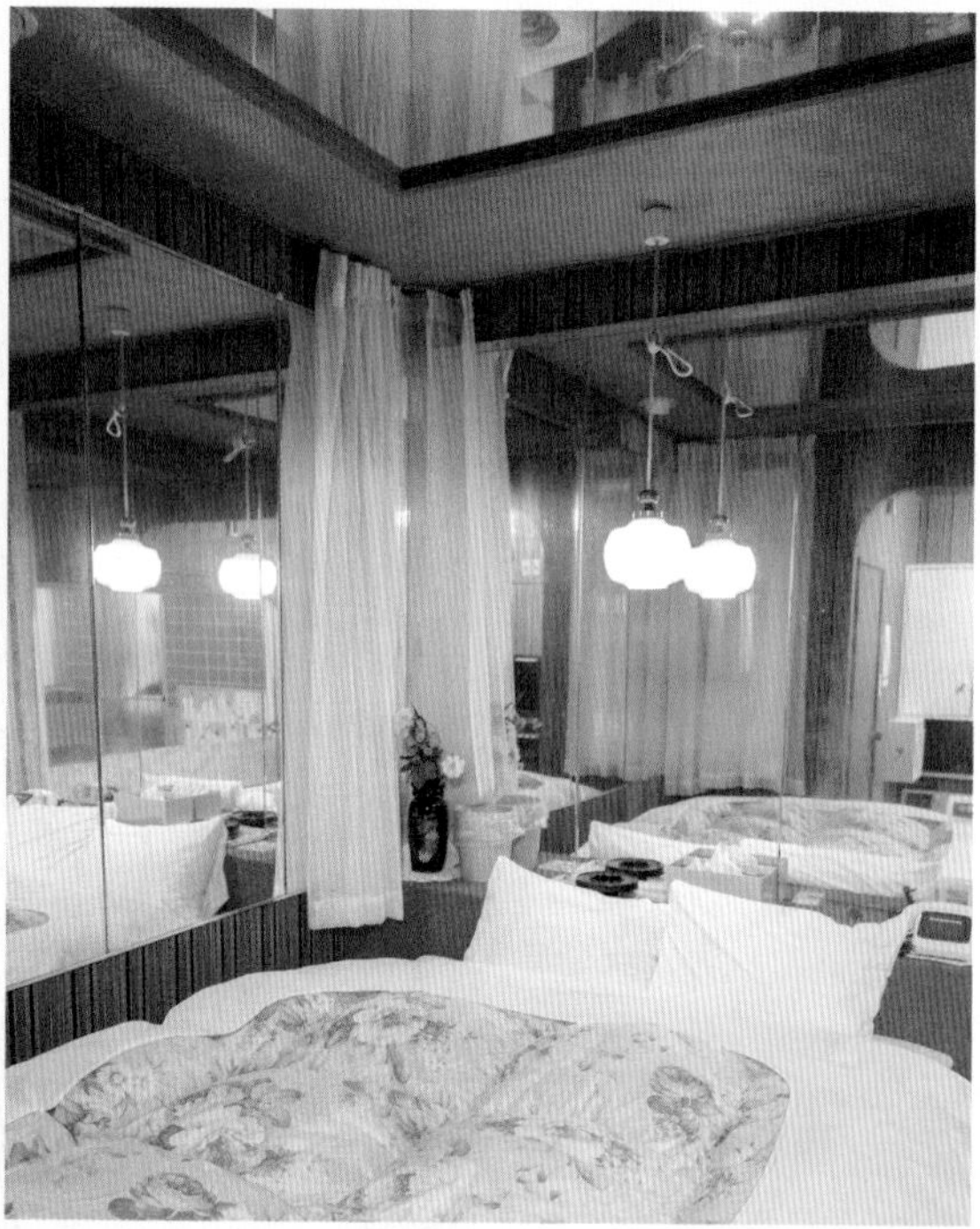
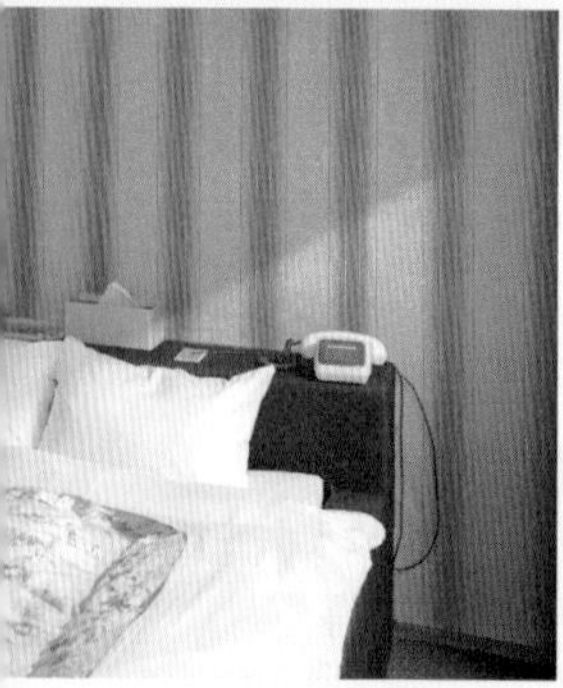

HOTEL NEW OASIS

ホテル ニューオアシス

静　岡　県

1970年代創業。御殿場で2軒目に建てられたという歴史あるラブホテルだが、惜しくも2022年末に営業を終了した。今後、別の営業形態で生まれ変わる予定だという。外界から遮断されたかのような雰囲気で、青いチンチラ張りの部屋や「鏡の部屋」と名付けられた鏡張りの部屋など、バラエティに富んだ内装が素敵だった。

おわりに

現存する昭和ラブホの数はどんどん減っていて、私はそれを追いかけるように巡り続ける日々を送っている。これはもう時間との戦いで、私が疲れて眠っている間にも、容赦なく昭和ラブホはひとつ、またひとつと閉業に追い込まれていく。現在、私が巡った昭和ラブホは100とちょっと。半分も回れていない気がする。まだまだ道半ばだが、いつかこの旅にも終わりが来る。そのとき、私はどうしているだろう。燃え尽きて、何も考えられなくなっているのだろうか。それとも……。

と、心配には及ばない。すべて回ったら私にはやりたいことがふたつある。それは、閉店してしまった昭和ラブホの設備や備品などを集めて博物館のようなものを作ること。もうひとつは、日本の昭和ラブホ文化が輸出されている国、台湾で新たにラブホ巡りを始めること。このふたつを達成するまでは、私はまだ灰にはなれないのだ。

ごくたまに、昭和ラブホのオーナーからラブホを経営する気はないのかと聞かれることもある。「とてもじゃないけどできません！」と思っていたが、将来的にはそれもいいかなと考えたりもしている。昭和ラブホの女将、いい響きだ。そういう余生があってもいいなと思っている。

とにかく、今は昭和ラブホ巡りに集中すること。本当は一年くらい仕事を休んでゆっくり昭和ラブホ巡りをしたいのだが、大人の事情がそれを許さない。やれる範囲でやっていくしかない。冒頭にも書いたが、まだまだ道半ば。ということで、この本はそんな私の現時点での集大成。あとどれくらいかかるかまだわからないけれど、日本地図が塗りつぶされる日にまた会いましょう。

ALL YOU NEED IS 昭和ラブホ！
（昭和ラブホこそすべて！）

ゆなな

本書の情報は2023年2月時点のものです

索引 index

回転ベッドを追いかけて

2023年3月29日　初版第1刷発行

著者　ゆなな
発行者　高田 順司
編集者　鼈宮谷 千尋
構成協力　神田 桂一
デザイン　星 加奈子（株式会社 zaffiro）
前田 千尋
佐藤 希璃
タイトルロゴ　Reeya（ものがたちデザイン）
発売　株式会社 hayaoki
発行　hayaoki books
印刷　株式会社シナノ

本書籍に関するお問い合せ、ご連絡は
下記にて承ります。

https://www.hayaoki.co/